Z-833

MEMORIE DELLA SOCIETÀ GEOGRAFICA ITALIANA
VOLUME LXXVI

Riccardo Friolo

I NODI GEOSTORICI DELLE ROTTE CIRCUMASIATICHE

SOCIETA' GEOGRAFICA ITALIANA

Roma - 2005

Geographisches Institut
der Universität Kiel

INTRODUZIONE

La ricostruzione dei flussi diversificati di matrice economico-mercantile, geopolitica, etnico-linguistica e socio-culturale ricorrentemente attivati lungo le direttrici di percorrenza asiatica sia interne sia periferiche e litoranee rimanda a un approccio basato sugli indirizzi conoscitivi propri della Geografia storica. Nella misura in cui la disciplina propone percorsi d'indagine incentrati sull'operatività spaziale dei processi storici, al centro dell'attenzione balza il riconoscimento delle forme di organizzazione territoriale che derivano dall'interazione fra la circolazione delle materie prime e delle merci, i movimenti di capitale, le correnti migratorie, i fondamenti urbano-insediativi, i meccanismi politici rivolti al controllo delle risorse e dei luoghi di concentrazione delle stesse.

Il momento analitico, di conseguenza, deve giostrare sul riconoscimento di tutta una serie di fattori strumentali a caratterizzazione spaziale e capaci di condizionare lo sviluppo delle linee di tendenza evolutive in atto.

Fra i vincoli territoriali che presiedono ai processi storici fa spicco indubbiamente la posizione geografica, variamente interessata da caratteristiche e motivi che di volta in volta, in rapporto al bilanciamento delle forze in campo, possono costituire vantaggi o termini di costrizione.

Un esempio significativo di condizionamento della parabola geostorica si colloca proprio sulla fronte occidentale del continente asiatico, in corrispondenza dei varchi dislocati fra Mar Nero e bacino del Mediterraneo. Di fronte allo sviluppo nel medioevo di due grandi sfere d'influenza e dominio, quella cristiano-occidentale in Europa e il mondo islamico in Oriente, l'Impero di Bisanzio, posto a guardia degli strategici passaggi alla frontiera naturale fra due continenti, è obbligato per secoli a sostenere lo scomodo ruolo di Stato-cuscinetto, compresso e sottoposto a ricorrenti insidie sollevate da entrambe le parti in insanabile conflitto.

Su queste basi possono essere quindi riconosciuti particolari individui geografici che in seguito all'attivo concorrere di ragioni di natura economico-militare, la posizione nodale *in primis*, hanno esibito una marcata continuità di funzione storica nell'arena delle connessioni fra gli ambiti mondiali differenziati, anche lontani, ma non privi della capacità di stabilire rapporti di influenza.

Una rassegna incentrata su questi termini d'analisi non può non considerare in primo luogo le prerogative esibite da stretti, canali e profili litoranei interessati da rotte sottocosta trafficate e da retroterra economici ricchi di risorse.

In qualità di espressioni geografiche salienti, i varchi marini risultano rigorosamente associati a tre distinti significati-chiave: il restringimento morfologico; la fascia di separazione; il passaggio di interconnessione.

Una definizione di carattere generale può essere avanzata in termini sintetici, intendendo per stretto qualsivoglia: «contraction of the sea between two territories, being of a certain limited width and connecting two seas otherwise separated at least in that particular place by the territories in question» (BRÜEL, 1947, p. 19).

L'accezione fisico-topografica del tutto generale di corpo d'acqua interposto fra terre ravvicinate e spazi marini variamente dilatati si salda d'immediato con precise valenze funzionali riferite al sistema internazionale delle vie di comunicazione e trasporto. Del tutto ininfluente, ai fini della classificazione delle strettoie dal punto di vista geografico del termine, risulta la pletora di situazioni terrestri che il braccio di mare in questione separa (continente, penisola, isola e tutte le possibili combinazioni derivate e riscontrabili nella scansione delle coste e dei mari). Ampia, ma non rilevante, risulta pure la casistica basata sulla tipologia dei bacini ricollegati: oceani, mari, baie, e altre forme, associabili a due a due.

Sul piano operativo acquisisce invece ampio rilievo un triplice ordine di profili evolutivi: *a*) lo sviluppo degli scali portuali gemelli affacciati sulle due sponde; *b*) il raffittirsi delle connessioni trasversali per mezzo di traghetti, ponti o gallerie al di sotto del fondale; *c*) lo scorrimento longitudinale dei flussi mercantili nei due sensi, al quale possono abbinarsi le manovre militari riguardanti le aree di conflitto collegate.

In definitiva, a dimensionare il livello di importanza di uno stretto interviene l'insieme dei rapporti di vincolazione economica, geopolitica-strategica ed etno-culturale che intercorrono fra i due retroterra di gravitazione e i due spazi marini collegati tramite la diramazione delle rotte.

È ben vero, comunque che la specificità delle matrici geografiche finisce col condizionare una particolare articolazione di transazioni economiche e vicende storiche, connesse con l'evoluzione dei distinti sistemi di potere sopraggiunti in scansione diacronica sui diversi scenari continentali e oceanici, e inevitabilmente attirati dal ruolo di crocevia disimpegnato dai corridoi di percorrenza navale obbligata.

Di volta in volta, la tipologia congiunturale e i rapporti di forza potranno determinare manovre rivolte all'impossessamento o allo stabilimento di forme di controllo sugli stretti coinvolti dalla progettualità geopolitica. In molti casi la conflittualità insorta è stata sedata attraverso il ricorso a misure di stampo diplomatico volte a demilitarizzare le coste delimitanti la via d'acqua: la neutralità permanente assegnata allo Stretto di Magellano dal *Tratado de Limites* del 1881 stipulato fra Cile ed Argentina (LUIZ e SCHILLAT, 1998, p. 259) e le disposizioni della Convenzione di Costantinopoli del 1888 in merito al bando delle manovre militari all'interno del Canale di Suez (GÁNDARA GALLEGOS, 1990, pp. 223-226) costituiscono in tal senso due precoci esempi affacciatisi alla ribalta storica.

All'interno di tale problematica, chiaramente connessa con l'evoluzione del diritto internazionale, il dipanarsi fisico delle rotte circumasiatiche si appoggia a una fitta serie di stretti, scandita sulle quattro fronti del continente: la settentrionale, verso il Mar Glaciale Artico; l'orientale, caratterizzata dalla successione degli archi vulcanici insulari della cosidetta «cintura di fuoco del Pacifico»; la meridionale, investita dallo spirare delle alterne correnti monsoniche; l'occidentale, rivolta al Mar Egeo e al Mediterraneo attraverso il Bosforo e i Dardanelli.

Questo schieramento geografico ha conosciuto nel corso dei secoli l'attivarsi di ricorrenti intrecci odeporici, variamente caratterizzati sotto i molteplici profili delle direttrici prescelte in modo sia privilegiato sia alternativo, delle tipologie merceologiche e dei sistemi politico-militari di vigilanza delle linee e di riscossione dei lucrosi introiti. Si allineano quindi in scansione: il commercio degli aromi e delle spezie, risalente a epoche anteriori all'unificazione politica del Mediterraneo sotto l'egida delle aquile imperiali romane; la «tratta degli schiavi», sostenuta dall'affermarsi della sfera di potere islamica fra l'Oceano Indiano e i continenti asiatico e africano; la «rotta delle Indie», lanciata in rapporto al rafforzamento dell'ordine talassocratico e coloniale britannico nel corso dell'Ottocento; la moderna «via marittima del greggio», che vede nel XX secolo stabilirsi un canale di scorrimento energetico privilegiato fra Medio Oriente e mondo occidentale a economia di mercato nettamente affermata; la *Northern Sea Route*, con fatica aperta lungo le coste siberiane in condizioni climatico-oceanografiche proibitive durante gli anni di sviluppo dell'Unione Sovietica; i più recenti fasci di rotte mercantili del circuito mediterraneo-indiano, che utilizzano il Canale di Suez e collegano gli scali specializzati ai sensi della rivoluzione dei trasporti connessa con l'unitizzazione dei carichi.

Tali assi di percorrenza delle risorse energetiche, minerarie, agricole e di ogni sorta di prodotti di diverso valore aggiunto e indirizzo applicativo generano sistemi territoriali di gravitazione diretta, scanditi fra i retroterra continentali e gli avanmare degli scali portuali di maggior intensità di traffico.

L'analisi delle grandi aree di pregio economico e strutturazione politica del continente asiatico resterà in tal modo incentrata sulle basi cardinali che vanno dai distretti di raccolta-produzione delle partite merceologiche sino alle linee di rifornimento e a quegli itinerari commerciali che trovano il loro sbocco nelle aree di mercato e di destinazione finale. In altre parole, in una prospettiva di geografia storico-economica allargata a scala regionale e continentale, le geometrie indotte dai circuiti di traffico esprimono schemi riconoscibili di organizzazione del territorio.

Il caso specifico dell'Asia contempla una grande varietà di passaggi obbligati del traffico marittimo internazionale, frequentati nelle diverse epoche in rapporto alle continue riedizioni dei legami fra Europa, bacino del Mediterraneo, Africa ed Estremo Oriente. Quali esempi significativi e paradigmatici sono stati prescelti lo Stretto di Bab al Mandab, incastonato fra Canale di Suez, Mar Rosso e Mare Arabico, autentica porta di raccordo fra Oriente e Occidente; lo Stretto di Hormuz, teso dal Golfo Persico a quello di Oman e sempre più rivestito di prerogative strategiche a scala internazionale nella congiuntura storica dell'avvio del terzo millennio; lo Stretto di Malacca, lanciato fra gli oceani Indiano e Pacifico in un settore di grande vitalità per l'economia mondiale, anche in rapporto ai vertiginosi ritmi di crescita del colosso cinese; gli stretti siberiani del Passaggio a Nord-est, scaglionati in un collegamento diretto ma estremamente insidioso fra i bacini dell'Atlantico e del Pacifico.

Le fenomenologie evolutive riscontrate nel passato e i presenti sviluppi caratterizzanti settori chiave che a più riprese hanno dimostrato di possedere valenze cruciali sul terreno storico-politico, aiutano oggigiorno a formulare utili scenari di previsione futura, in un contesto planetario scosso da sempre più convulsi nodi problematici riguardanti la gestione delle risorse, la pianificazione del territorio, la tutela ambientale e il confronto dei diversi modelli socio-etno-culturali.

LO STRETTO DI BAB AL MANDAB

L'antica «Porta delle lacrime»

Lo Stretto di Bab al Mandab rappresenta il collegamento diretto fra Mar Rosso e Oceano Indiano, al tempo stesso in cui separa fisicamente il continente africano dalla Penisola Arabica, senza peraltro costituire una barriera per gli interscambi etnici e culturali fra i due vasti entroterra configurati.

L'articolazione fisica del varco si presenta complessa, a causa di tutta una pletora di isole e affioramenti di vario genere ed estensione che ne costellano le acque e di cui debbono tenere conto le unità che vi incrociano. Gli affioramenti Djezirat Seba si collocano all'imboccatura meridionale del corridoio, mentre la sezione settentrionale resta controllata dal raggruppamento delle Hanish-Zuqur. L'isola di Perim, *Mayyum* nella lingua araba, è collocata poi esattamente all'interno dello Stretto di Bab al Mandab. Posta a tre chilometri dalla costa arabica e a 20 da quella africana, divide il passaggio marittimo in due varchi: lo Small Strait e il Large Strait. Dal punto di vista areale si estende per 13 chilometri quadrati e costituisce una elevazione di genesi vulcanica con i bordi ricoperti di formazioni coralligene. Con ulteriore riguardo alla strutturazione morfologica, la fronte settentrionale si piega ad arco, mentre il lato meridionale è provvisto di accentuate rientranze configuranti la presenza di specchi marini protetti e corrispondenti a due insenature chiamate: False Bay e Baia di Perim.

Il sito geografico, nell'insieme delle sue componenti fisiche, esibisce una straordinaria continuità e varietà di ruoli funzionali emersi in rapporto al dipanarsi di tre assi di movimentazione mercantile storicamente prodottisi e variamente prolungati nel corso del tempo: la «via dell'incenso»; la «rotta delle spezie»; la «tratta degli schiavi».

Inserita nel circuito di rotte marittime e linee di rifornimento terrestri che unisce i tre continenti del Vecchio Mondo sin dall'antichità, la via dell'incenso trova nel Mar Rosso, e sulle rive dei paraggi dello Stretto di Bab al Mandab in particolare, uno dei propri naturali centri di convergenza ed equilibrio, a partire dai flussi carovanieri che percorrono la Penisola Arabica e muovono dalle regioni produttive del Dhofar.

Nel corso dei secoli la varietà tipologica delle merci trafficate viene ad abbracciare un ampio spettro di prodotti di diversa provenienza e caratterizzazione che si aggiungono ai tradizionali aromi fra cui incenso e mirra disimpegnano un ruolo di primo piano. Spezie, sete, oro e preziosi, legnami pregiati arricchiscono così il repertorio merceologico, mentre una organizzazione complessa dei territori interni di matrice agrario-idraulica, urbano-carovaniera ed economico-politica si rafforza quale indispensabile sistema di supporto logistico al dipanarsi della rete commerciale (LAUREANO, 1995, p. 138).

La rotta delle spezie si conforma nell'Oceano Indiano sulla base delle pulsazioni monsoniche per operare l'attivazione di quella lunga e articolata linea di rifornimenti che, a partire dalle regioni produttive dell'Insulindia, raggiunge il Mar Rosso e il Mediterraneo attraverso il varco marittimo aperto fra Africa e Arabia.

In rapporto alla posizione geografica naturalmente votata ad un ruolo di convergenza delle rotte, l'intensità dei traffici determina potenti stimoli che favoriscono l'allargamento degli orizzonti geografici, l'aumento dei contatti e delle possibilità di acculturazione, lo sviluppo di una visione cosmopolita e aperta, tutti fermenti che a loro volta propiziano un'ulteriore crescita degli interscambi (DUNN, 1998, pp. 148-152). Nei pressi dello Stretto è Aden il polo urbano destinato nel corso della storia a raccogliere e coordinare tutti i fattori di crescita legati alla rendita di posizione, sino a raggiungere, grazie al controllo della navigazione e alle elevate imposizioni doganali applicate nel comprensorio portuale, strepitosi livelli di fasto economico.

Anche la tratta degli schiavi incontra nel corridoio di Bab al Mandab un ganglio vitale di raccordo fra le regioni dell'Africa equatoriale e orientale, dove avevano luogo rastrellamenti e razzie, e le aree di mercato che largo uso facevano della manodopera servile all'interno dei vasti domini musulmani (FRIOLO, 2003, pp. 3164-3165). Veri e propri assi carovanieri di penetrazione economica muovono dalla costa africana all'altezza di Pemba, Bagamoyo e Kilwa per attivare la cattura, il trascinamento e l'imbarco finale delle sventurate prede, destinate a essere smistate nel mercato di Zanzibar. Risulta in tal modo attestata una vasta area di commercio che si ramifica, segue il soffio dei venti periodici, gravita sul Mare Arabico ed entra nel Mar Rosso attraverso la tristemente nota «Porta delle lacrime». Tale circuito finisce sotto un sistema imperiale di controllo politico-mercantile, unificato con l'affermazione del Sultanato di Oman e Zanzibar che raggiunge il suo auge proprio nell'Ottocento, alla vigilia della chiusura della lucrosa pratica, con dipendenze scaglionate lungo tutto il profilo costiero dell'Oceano Indiano interessato dalle diramazioni delle linee di traffico (ROBISON, 1994, p. 130).

Complesso risulta oggigiorno il sistema territoriale di gravitazione sulla via d'acqua del Mar Rosso e di conseguenza direttamente interessato alla libertà di movimento nello Stretto. Lo scenario regionale comprende Egitto, Sudan, Etiopia, Eritrea, Gibuti, Israele, Giordania, Arabia Saudita, Yemen, Oman e paesi petroliferi del Golfo, in una serie complessa di relazioni economiche e geopolitiche, indissolubilmente legate al ruolo della via d'acqua, al trasporto del greggio e al conflitto arabo-israeliano che si è inasprito allo scadere del secondo millennio.

Evoluzione storico-geografica

Una manifestazione – prodottasi molto per tempo – del ruolo strategico dei litorali ricondotti allo Stretto di Bab al Mandab proviene dall'impresa marinara condotta nel sesto secolo a.C. da Scilace di Carianda, ammiraglio del re di Persia Dario I, lungo le coste meridionali dell'Asia (PERETTI, 1983, pp. 88-89). Nella circostanza, il passaggio marittimo esibisce la sua funzione di raccordo oceanico fra il Mar Rosso e il Golfo di Aden, capace di consentire il collegamento mercantile e politico fra la regione egiziana e le terre poste lungo l'articolazione delle coste arabiche sulla direttrice del subcontinente indiano.

Secoli dopo, in piena età romana, indicazioni precise riguardanti il settore saranno fornite dal *Periplo del mare Eritreo*. Opera anonima già attribuita allo storico greco Flavio Arriano, vissuto sotto Traiano, Adriano e Antonino Pio (*Enciclopedia Italiana*..., 1951, *ad vocem*), comunque riconducibile a un ambiente di mercanti o piloti greco-egiziani (BELFIORE, 2004, p. 21), il testo descrive la conformazione dell'angusto braccio di mare rinserrato fra le due coste continentali, mentre le difficoltà legate alla navigazione vengono segnalate sulla base dei venti insidiosi ai quali si aggiunge l'interruzione costituita da un affioramento insulare che riduce l'ampiezza del varco: «ristringendosi insieme la terra ferma dell'Arabia e dell'altra parte appresso di Abalite, regione barbarica, è uno Stretto non molto lungo, che raguna e quasi rinchiude strettamente il mare: e quel transito di sessanta stadi che è di mezzo è interrotto dall'isola di Diodoro, onde il passare appresso di essa è pericoloso, perciò che quivi fa fortuna, per i venti che soffiano dai monti vicini» (RAMUSIO, 1979, II, p. 523). L'indicazione distanziometrica si accorda bene con la posizione geografica dell'isola di Perim, piazzata in mezzo al varco marino a costituire ancora oggi un ostacolo da tenere nella massima considerazione. A supporto delle imbarcazioni che incrociano nel difficile specchio di mare viene citato, nel testo dell'anonimo, la località di Ocele, definita non quale scalo mercantile di rilievo, ma come utile approdo riparato che dispone per di più di rifornimenti di acqua dolce: «Appresso [...] è una villa degli Arabi vicina al mare, sottoposta al medesimo regno, chiamata Ocele, la quale non è tanto luogo da mercanzie quanto è buon porto, e buono da tor acqua, e primo albergo a quei che passano dentro» (*ibidem*). Il ruolo dello Stretto emerge poi a chiare lettere e deriva dal collegamento che resta permesso con l'«Arabia Felix», qui connotata come una regione dotata di porti migliori, animata da traffici mercantili intensi con l'India e soprattutto investita del privilegio di essere un ricco paese produttore di incenso.

Le località e gli attracchi connessi al corridoio di transito vengono descritti per i loro commerci di dimensioni variabili e con prodotti ben differenziati. Il movimento marittimo viene condotto con imbarcazioni e mezzi modesti, ma le merci trafficate costituiscono un repertorio indicativo dei flussi avviati lungo le rotte del settore dell'Oceano Indiano nord-occidentale. Il primo porto segnalato nell'area è Avalite: «ὁ λεγόμενος Αὐαλίτης», con i termini di importazione e di esportazione descritti dettagliatamente nonostante che si tratti di un: «μικρὸν ἐμπόριόν». Mirra di qualità e spezie varie non mancano di rivestire un ruolo di rilievo nel campionario descritto[1].

I principali riferimenti geografici associati allo Stretto di Bab al Mandab, e presenti nel *Periplo*, vengono ripresi da Tolomeo nella sua *Cosmographia*, dove una dettagliata serie di annotazioni contraddistingue la stesura dei due contrapposti profili litorali del *SINUS ARABICUS*.

Sulla costa occidentale del Mar Rosso fanno così spicco gli scali di *adulia* (posto nel *sinus adulitus*) e di *aulites* (sulle rive dell'*aulites sinus*), indicati con la medesima caratterizzazione simbologica del cerchietto dorato provvisto di punti alla circonferenza esterna, e corrispondenti alle due località di Aduli e Avalite attestate nel *Periplo*. In modo del tutto analogo, sulla sponda arabica del passaggio che riconduce al *RUBRU(M) MARE* (sezione nord-occidentale dell'*INDICUM MARE*) viene indicato l'*ocelis e(m)pori(um)*, termine nodale di un contesto di intensa antropizzazione e dispiegamento toponomastico che si dipana sulle due coste, l'occidentale e la meridionale, dell'*ARABIA FELIX*. Particolarmente significativa quindi, in rapporto all'intensità dei flussi commerciali attivati già da epoche precedenti, è la concentrazione di siti urbani a prevalente localizzazione costiera, allineati sulle due sponde continentali che convergono sullo Stretto di Bab al Mandab.

---

[1] Per il testo completo del passo si rimanda al saggio critico con traduzione moderna contenuti in BELFIORE (2004). Di grande interesse storico e letterario è la traduzione del testo greco stampato a Basilea nel 1533 (presso Gerolamo Frobenio e Nicola Vescovo) e curata da Giovanni Battista Ramusio e dallo stesso inserito nella sua poderosa compilazione sotto il titolo: *Navigazione del mar Rosso fino alle Indie secondo Arriano*. La circolazione mercantile nel margine meridionale del Mar Rosso è presentata in RAMUSIO (1979, II, pp. 517-518), introducendo il: «brevissimo Stretto per navigar dall'Arabia all'altra parte. In questo luogo è una piccola terra mercatantesca detta Avalite, e vi vengon con alcune piccole barche e con zattare, e portanvisi vasi di vetro e di pietra, agresta diospolitica, e vesti barbaresche cimate e diversamente lavorate, e formento e vino e qualche poco di stagno». Inoltre, nell'ambito marino riconducibile al Golfo di Aden, circola una gran varietà di aromi: «mirra, e qualche poco d'incenso peratico, e cassia aspera e duaca e cancamo e macir, portandole di Arabia, e similmente schiavi, ma rare volte».

La conoscenza del braccio di mare in questione, legata al movimento navale, risulta ulteriormente attestata da una significativa compilazione di toponimi insulari allineati e scanditi lungo la costa orientale del Mar Rosso secondo un motivo morfologico a catena. Nel settore così definito, infatti, a poca distanza dal varco di entrata-uscita e in stretta corrispondenza con la posizione geografica dell'arcipelago Hanish-Zuqur, tre denominazioni acquisiscono rilievo. A settentrione, le prime due estensioni emerse sono indicate dagli appellativi latini di *ara* e *conbusta*, con possibile riferimento alla conformazione fisica e alla composizione litologica degli apparati vulcanici che costituiscono la base fisico-geologica delle due isole (fig. 1). A meridione, due lembi affioranti accostati vengono nel loro insieme contrassegnati col termine *malachi*, riferibile, attraverso l'aggettivo

FIGURA 1
LO STRETTO DI BAB AL MANDAB
NELL'*ASIE TABULA SEXTA* (C. PTOLEMAEI)

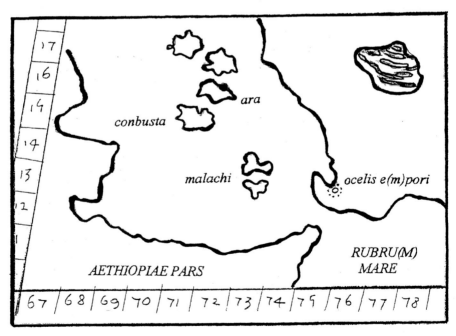

(Disegno e repertorio toponomastico semplificati)

greco antico corrispondente, alla vasta produzione organogena di molluschi a conchiglia e piattaforme coralline che accompagnano lo sviluppo delle coste e dei fondali delle Isole Hanish[2].

L'evoluzione dell'immagine conoscitiva dello Stretto di Bab al Mandab e delle regioni limitrofe, nella cartografia successiva di età medievale e moderna, suscita una complessa casistica all'interno della quale è possibile distinguere sostanzialmente tre raggruppamenti: *a)* carte con semplice campitura rossa uniforme utilizzata per tratteggiare il Mar Rosso nel suo insieme; *b)* rappresentazioni con motivi convenzionali a carattere erudito o di rinforzo dell'ornato; *c)* documenti che esibiscono una attenzione di dettaglio con riferimenti geografici più precisi, che si possono far risalire a una sintesi di esperienze marinare e dati nautici.

I contraccolpi della conquista araba, che ha interrotto i collegamenti diretti di natura commerciale, conoscitivi e culturali intercorrenti fra Mediterraneo e Oceano Indiano, risaltano in modo evidente nell'*Anglo-Saxon Map* (X secolo), conservata al British Museum (TOOLEY, 1961, p. 48). Il documento fornisce una prima indicazione utile in grado di lumeggiare i processi di indebolimento, perdita e recupero dei nessi informativi storicamente prodottisi. Orientata col Levante diretto verso l'alto, essa riporta una schematizzazione estremamente semplificata del Mar Rosso, privato dei due golfi di Aqaba e Suez a una estremità e ampiamente comunicante con l'oceano esterno dall'altra. Non compare quindi traccia alcuna della sezione meridionale, né dello Stretto di Bab al Mandab, mentre la costa asiatica allungata verso Oriente presenta una *Arabia Deserta* lunga e stretta, cui succede un promontorio denominato *Media*, sino a raggiungere una *Taprobanes* di grandi dimensioni, dove in modo singolare si inse-

---

[2] La frequentazione intensa del Mar Rosso, le località protagoniste degli scambi mercantili e il susseguirsi di isole facilmente osservabili dai naviganti lungo la rotta del quadrante meridionale possono essere desunte dall'impianto iconografico e dalle attestazioni toponomastiche presenti nelle sezioni cartografiche: *ASIE TABULA SEXTA* e *AFRICE TABULA QUARTA* della *summa* geografica di Tolomeo, inquadrate entro il Codice V F. 32 (sec. XV) dei manoscritti del fondo latino della Biblioteca Nazionale di Napoli. In merito alla moderna edizione, vedasi PTOLEMAEI (1990, tavv. XXI e XV). In entrambe le raffigurazioni acquisisce rilievo l'inversione del *RUBRUM MARE*, corrispondente all'attuale Golfo di Aden, con il *SINUS ARABICUS* riferito al mare interno.

risce una dettagliata notizia in chiave favolistica: «habet X civitates; bis in anno mensa fruges». Gli spazi marini corrispondenti al Golfo Persico e al Mar Rosso hanno la stessa forma e dimensione, con orientamenti insulari genericamente disposti lungo l'asse centrale del bacino, a ulteriore conferma dell'interdizione prodottasi.

Pochi secoli dopo, e nel quadro di un rinnovato interscambio culturale fra Oriente e Occidente, la fama dei luoghi, legata all'intensità della movimentazione mercantile, giunge alla cognizione di Marco Polo e resta annotata nel suo resoconto itinerario, anche se il viaggiatore veneziano non avrà modo di raggiungere i paraggi dello Stretto di Bab al Mandab. Non viene fondata sull'esperienza diretta, quindi, ma non per questo nel *Milione* risulta meno dettagliata la ricostruzione dell'assetto funzionale degli spazi gravitanti sullo strategico passaggio marittimo. Questo viene introdotto attraverso la descrizione fisica, cui si accompagna la sottolineatura degli intensi collegamenti tesi sull'allineamento che da Alessandria d'Egitto porta agli ambiti regionali della Penisola Arabica e dei litorali indiani (POLO, 1994, pp. 295-296). In evidenza sono posti a più riprese il movimento delle imbarcazioni e l'assortimento delle merci – che vede le spezie, l'incenso ed i cavalli in primissimo piano. Menzione particolare viene fatta del ruolo strategico del sultanato di Aden, che attraverso il suo dispiegamento di piazzeforti costiere è in grado controllare e tassare tutti i volumi mercantili che si appoggiano al porto e transitano nello Stretto. In questo modo, la riscossione di ingenti somme finanziarie, legate alla nodalità della posizione geografica, costituisce la base della prosperità di un potentato che rappresenta allo stesso tempo la principale località centrale e il nucleo amministrativo di maggior rilievo del quadro geopolitico regionale[3].

---

[3] Risultano significativi in merito tre capitoli del testo narrativo: 190, *Della provincia d'Aden;* 191, *Della città d'Escier;* 192, *Della città Dufar.* Così in 190, 1-3 si legge come: «La provincia d'Aden si à uno signore ch'è chiamato soldano [...] In questa provincia si à molte cittadi e molte castella, ed è porto ove tutte le navi d'India capitano co loro mercatantie, che sono molte. Ed in questo porto caricano li mercatanti loro mercatantie e mettole in barche piccole, e passano giù per uno fiume.vij. giornate». Le voci merceologiche vengono dettagliate in 190, 5: «lo pepe ed altre ispezierie di verso Aden»; ed in 192, 7: «Di questo incenso e di cavagli che vengono d'Arabbia e vanno in India, sì.ssi fa grandissima mercatantia». Il ruolo politico di Aden risulta

Non molti anni più tardi, nella prima parte del XIV secolo, hanno luogo i viaggi di Ibn Battuta, a comprendere un itinerario in Arabia e la tappa ad Aden. Il grande viaggiatore arabo non utilizzerà il passaggio via mare, preferendo un più sicuro itinerario attraverso le fertili e popolose alteterre del *gebel* yemenita, beneficiate dagli influssi climatici moderatori della quota e dalle piogge di genesi monsonica (LAUREANO, 1995, pp. 77-80), mentre le città divengono centri di vivace interscambio culturale alimentato da componenti provenienti da tutte le regioni affacciate all'Oceano Indiano e interessate dalle linee di commercio prolungate sino in India, Ceylon e Cina. La decisione viene presa sia in rapporto all'opportunità di conoscere l'articolato mosaico etnico e urbano yemenita, sia a causa delle oggettive difficoltà che la rotta incontra nelle Strettoie di Bab al Mandab. Del resto la traversata del Mar Rosso è minacciata tutta da ricorrenti secche, bassi fondali e banchi corallini semisommersi di difficile individuazione e annotazione cartografica, il tutto distribuito al margine di due regioni aride e ricoperte da distese sabbiose che scarse possibilità di sopravvivenza possono offrire agli eventuali naufraghi. La navigazione deve tener pure conto del regime dei venti mutevole e insidioso, anche se riconducibile a una scansione temporale a base stagionale, che si avvantaggia nella sezione meridionale del bacino dello spirare delle periodiche correnti monsoniche. Nonostante i fattori avversi, nel corso delle sue peregrinazioni in Arabia e Africa, effettuate negli anni attorno al 1330, Ibn Battuta si ritrova a segnalare le diverse componenti della frequentazione che interessa lo Stretto e il Mar Rosso. In aggiunta al traffico mercantile, che comunque continua a non perdere di vista l'alternativa rappresentata dal tracciato delle carovaniere lungo la sezione occidentale rilevata della Penisola Arabica, risulta intenso il movimento dei passeggeri impegnati nei tragitti di andata e ritorno per il pellegrinaggio alla Mecca. Funzionale allo

---

sottolineato in 191, 2, dove a proposito della città di Escier, localizzata sulla costa arabica meridionale, si dice che: «è sottoposta ad uno conte, lo quale si è sotto il soldano di Aden; e si à molte castella sotto sé, e sì mantiene bene ragione e giustizia». Ancora in 190, 7 una nota precisa esplicita i fondamenti del ruolo influente esercitato dal centro di Aden: «E sappiate che lo soldano d'Aden si à una grandissima rendita de le gabelle ch'elli si à di queste navi e de le mercatantie; e per questa rendita ch'elli si à così grande, si è egli uno ricchissimo segnore d'i grandi del mondo».

scopo è l'approdo di Gidda, il porto collegato alla città santa e specializzato nell'accoglienza-smistamento dei fedeli, grazie alla sua «eterogenea flotta di imbarcazioni» (Dunn, 1998, pp. 141-145). A Aden l'infaticabile viaggiatore arriva subito dopo la riconquista della piazzaforte da parte dei sultani della dinastia rasulide impiantata a Ta'izz, e ha modo di confermare quanto già riferito da Marco Polo in merito al ruolo di controllo che il sito è in grado di esercitare su tutti i traffici di passaggio attraverso lo Stretto, con la conseguente enorme rendita legata all'applicazione di un rigoroso regime impositivo-fiscale. Anche la variegata tipologia delle merci in transito viene annotata con precisione rivolta al dettaglio informativo[4]. Le proiezioni mercantili dell'«Oltre Aden» non mancano di ricevere attenzione, e una figura del calibro culturale di Ibn Battuta non può non sottolineare la sostanziale unità culturale che all'epoca legava fra loro le diverse comunità islamiche sparse nei numerosi porti dell'Oceano Indiano, impegnate a sostenere una fitta rete di interscambi a largo raggio dall'Africa all'Estremo Oriente, allo stesso tempo in cui divenivano inevitabili i rapporti di acculturazione con le regioni continentali interne direttamente ricollegate alle fronti costiere. Ne emerge quindi come si presenti oltremodo differenziato anche il gioco delle importazioni-esportazioni associato agli scali di riferimento di Zanzibar e Aden, sulla rotta che collega la fascia posta a sud del Corno d'Africa con la Penisola Arabica e i settori posti più a oriente. Dal continente africano arrivano soprattutto materie prime e merci di vario pregio; oro, avorio e schiavi costituiscono il trittico classico, con pelli, legnami, aromi e ambra grigia a seguire. I flussi rivolti in senso contrario sono a loro volta caratterizzati da un'articolazione complessa interessata da due destinazioni finali. Verso le regioni interne equatoriali vengono inoltrati i tessuti, mentre i facoltosi ceti mercan-

---

[4] La *Rihla*, il compendio itinerario realizzato dal Battuta negli ultimi anni di vita, annota i particolari in merito alle caratteristiche specifiche dei commerci che si avvalgono dello Stretto: «Aden controllava lo Stretto di Bab al-Mandeb e traeva profitti da un flusso continuo di merci di lusso e di volume ridotto, che transitavano prevalentemente verso l'occidente: spezie, aromi, erbe medicinali, coloranti vegetali, ferro, recipienti di ottone e bronzo, cotone e seta indiani, perle, perline di vetro, ambra grigia, conchiglie di ciprea, scarpe, porcellane cinesi, ceramiche yemenite, avorio africano, frutta tropicale e legname» (Dunn, 1998, p. 152).

tili degli scali portuali acquistano merci di valore come le porcellane cinesi, le ceramiche arabiche e ancora sete e prodotti cartacei (DUNN, 1998, pp. 148-155).

Anche in Europa pervengono flussi significativi degli esotici assortimenti, ma questo non implica, nella mancanza di osservazioni ed esperienze dirette, una continuità di progressi nella conoscenza geografica delle rotte e dei passaggi basilari. A riprova di questo motivo, il mappamondo anonimo genovese (1447 o 1457), conservato presso la Biblioteca Nazionale Centrale di Firenze (FERRO, 1992, pp. 62-63), si inserisce nel solco delle rappresentazioni convenzionali che riportano il passaggio, da Suez all'estremità opposta, con una campitura di colore rosso acceso senza alcuna definizione di dettagli all'interno. La penisola triangolare del Sinai è trasformata in un ponte di terra, mentre l'imboccatura meridionale risulta estremanente angusta e non presenta alcun indizio di emergenze insulari.

Non vengono a mancare però, dopo la metà del Quattrocento, rappresentazioni cartografiche dello Stretto che presuppongono una base conoscitiva delle modalità coivolgenti la rotta tesa fra il Mar Rosso e il Golfo di Aden. La presenza di isole dispiegate nei bacini marini in questione e in particolare nei settori in vista dello Stretto di Bab al Mandab, in modo tale da costituire un motivo di rilevanza per la navigazione sia sottocosta sia d'altura, era del resto riscontrabile già nella documentazione cartografica antica, destinata a essere ripresa e perfezionata in epoche successive sia per quanto attinente alla conformazione fisica degli spazi coinvolti, sia in merito alla costituzione geologica degli affioramenti marini [5]; ed è proprio la ricor-

---

[5] Prezioso in tal senso è il noto mappamondo di Fra Mauro Camaldolese (riferibile al periodo 1457-1459) conservato presso la Biblioteca Nazionale Marciana di Venezia. Su supporto membranaceo su legno, il mappamondo introduce una varietà articolata di particolari in merito al ritaglio regionale configurato attorno allo Stretto di Bab al Mandab. L'indicazione toponomastica *Aden* (GASPARRINI LEPORACE, 1954, tavola XVI, ordinale 43, coordinate m 18), riportata con esattezza in corrispondenza della sponda arabica del passaggio marittimo, viene arricchita da una vignetta composita con mura, merlature quadrate, torri e fossato perimetrale, mentre un'annotazione scritta ricorda che: «Qui se pa / ga el da / tio». Il dettaglio rimanda immediatamente alla considerazione che «l'autore si è valso ampiamente del libro di Marco Polo», sostenuta in ZORZI (1988, p. 130) e appoggiata al passaggio: «E sappiate che lo soldano d'Aden si à una grandissima rendita de le gabelle ch'elli si à di queste navi e

rente annotazione di arcipelaghi nelle rappresentazioni della successiva produzione, non priva a tratti di una certa attenzione ai dettagli, a indicare la continuità di frequentazione e di mantenimento della funzione storica rivestita dallo strategico braccio di mare.

I dettagli della rete commerciale distesa a collegare le tre penisole della fronte asiatica meridionale all'avvio del Cinquecento emergono con evidenza dal testo documentario esaustivo del portoghese Duarte Barbosa (scrivano in un primo tempo, capitano in seguito), i cui elementi narrativi vennero raccolti nel corso del viaggio-permanenza durato dal 1500 al 1517. Questa fonte informativa appare particolarmente preziosa se confrontata con quelle versioni cartografiche di inizio secolo che appaiono ancora legate a contorni imprecisi e poco articolati[6]. L'interscambio commerciale diretto fra i due poli di Gidda (Zidem) e Calicut, poste sulle coste occidentali rispettivamente della Penisola Arabica e del subcontinente indiano, viene det-

---

de le mercatantie» (POLO, 1994, p. 296). Anche la sponda africana del collegamento fra Oceano Indiano e Mar Rosso risulta ben caratterizzata, perché un toponimo *deuchali* viene accostato a una vignetta di città dalle molte torri inserite in mura addirittura più articolate di quelle di Aden (GASPARRINI LEPORACE, 1954, tav. XVI, ordinale 35, coordinate I 19). Un ulteriore riferimento diretto alla strettoia d'ingresso nel *SINUS ARABICUS* viene introdotto dalla rappresentazione posta in corrispondenza dell'isola di Socotra, dove un cartiglio annota «Isola sochotra posta tra el mar de persia / e aden ma più i(n)uerso el mar rosso e pos / ta p(er) sirocho co(n)tra la boca del dito mar» (*ibidem*, ordinale 26, coordinate G 5). Le isole poste più a mezzogiorno entro il *MARE RUBRUM* vengono poi caratterizzate in modo del tutto rispondente all'attestazione toponomastica *conbusta*, presente in Tolomeo e inserita nella stessa porzione di spazio marino (si veda la nota precedente). Infatti un altro cartiglio informa: «Queli che nauegano / q(ue)sto mar affermano / che q(ue)ste do'mo(n)tagne ardeno» (*ibidem*, ordinale 78, coordinate N 22). Anche in questo caso, l'indicazione può essere interpretata come un'allusione diretta alle manifestazioni di attività endogena associate alla genesi delle Hanish-Zuqur, frutto dell'osservazione di materiali incandescenti emessi dagli apparati vulcanici e rilevati da parte delle imbarcazioni di passaggio.

[6] Da segnalare in merito la carta del mondo di G.M. Contarini (1506), «the earliest printed map to show America» (Tooley, 1961, di fronte a p. 18), che conserva la tradizione toponomastica tolemaica nell'inversione operata fra *Sinus Arabicus* e *Mare Rubrum*, mentre lo spazio marino intercontinentale fra Africa e Asia appare disseminato di isole che risultano di grosse dimensioni se comparate alla superficie complessiva del bacino. Si impone con chiarezza nel quadro geografico pertinente alle coste oceaniche verso sud la mancanza del subcontinente indiano, rimpiazzato, secondo la tradizione tolemaica, dall'esagerata proporzione dell'isola di *TAPROBANA*.

tagliato con riferimento alla scansione annuale dei convogli e alle partite di merci interessate:

> Zidem, ed è porto di mare dove ogni anno solevano venir le navi della India con le specie e drogherie: e di lì tornavano a Calicut con molto rame e argento vivo, cinaprio e zafferano, acqua rosa e scarlatti, sete e ciambellotti, taffetà e altre mercanzie di merceria che si spacciano nella India, e medesimamente con molto oro e argento: ed era il traffico molto utile e grande. In questo porto del Zidem si caricavano le dette spezie e droghe in navilii piccoli per Suez [Barbosa in RAMUSIO, 1979, II, pp. 558-559].

L'affermarsi vigoroso del processo storico di fondazione dell'impero coloniale portoghese d'oltremare è destinato a modificare radicalmente gli equilibri di potere legati all'ordine economico così impostato e allo stesso tempo getterà nuova luce sulla percezione geografica europea dei vasti spazi legati all'Oceano Indiano ed ai suoi retroterra. Il primo responsabile del comando militare navale e terrestre è Francisco de Almeida, incaricato di creare le premesse territoriali per un saldo controllo dei circuiti mercantili dell'Oceano Indiano. Le operazioni navali della flotta lusitana nel teatro d'operazioni collegato allo Stretto prendono l'avvio con la conquista di Socotra del 1507, posizione chiave sia per l'accesso al Mar Rosso, che per il controllo della rotta verso la costa del Malabar. Pochi anni più tardi, nel 1513, viene sferrato un attacco diretto alla piazzaforte di Aden, ma questa resiste alla ventata offensiva del secondo governatore generale nominato dalla Corona, Alfonso de Albuquerque, che non riesce a farla capitolare (HAMALAINEN, 1996, p. 8). Nella circostanza si produce il primo approdo europeo sull'isola di Perim (riconosciuta quale autentica sentinella e chiave di volta dello Stretto di Bab al Mandab) per mano del comandante spedizionario lusitano che vi fa scalo battezzandola Vera Cruz (*Enciclopedia Italiana*, 1949, XXVI, p. 754) e riconoscendo come il processo militare e mercantile di espansione nell'Oceano Indiano sia bisognoso di un numero sempre maggiore di punti d'appoggio a carattere logistico e difensivo. Fra i temi di rilevanza connessi all'angusto braccio di mare incastonato fra Mar Rosso e Golfo di Aden, i carichi dell'oro convogliato dalla costa del Mozambico verso le sponde arabiche occidentali, e quindi obbligatoriamente fatto transitare via Bab al Mandab, viene attestato da Tomé Lopez, scrivano portoghese al seguito della spedizione navale verso le Indie del 1502. Nel resoconto in oggetto, tradotto in lingua toscana e fatto pervenire al governo repubblicano all'epoca instaurato a Firenze, l'importanza dei flussi coinvolti può essere desunta dal riferimento alla leggendaria produttività delle miniere centroafricane collegate al porto di Monzambiche per i rifornimenti dei mercati del Nord (RAMUSIO, 1978, I, pp. 691-692).

Nella medesima congiuntura storica si inserisce la descrizione del Mar Rosso e dello Stretto contenuta nella relazione di viaggio di Ludovico de Varthema da Bologna. L'autore realizza il suo peregrinare avventuroso a partire dal 1500 (o 1502) sino al 1508 (BAROZZI, 1996, pp. 46-50) e si muove contemporaneamente al succedersi delle operazioni militari portoghesi sulla via per le Indie, sino a giungere a intersecare il corso della flotta di Francisco de Almeida, il primo governatore generale dell'India per conto del governo di Lisbona (NEWBY, 1976, p. 81). Una preziosa conferma di annotazioni precedentemente redatte viene fornita dal bolognese nel corso dei suoi spostamenti attraverso i territori della Penisola Arabica. Proveniendo infatti da Ziden (Gidda), il porto della Mecca da lui precedentemente visitato nel più stretto incognito, riferisce:

> Noi navigammo il giorno fina al tramontar del sole, perché non si può navigare in questo mare di notte, e ogni giorno si posano a questo modo, fino a tanto che giungono ad una isola chiamata Chamaran, e dalla detta isola in là si va sicuramente. La ragione che non si può navigare al tempo di notte è questa, perché vi sono molte isole e molti scogli e secche, ed è bisogno che sempre vada un uomo in cima all'albero della nave per veder il cammino, il che la notte non si può fare: e però non si naviga se non di giorno [Barthema in RAMUSIO, 1978, I, p. 787].

Preciso e dettagliato si fa il resoconto del passaggio nelle acque dello Stretto, con riferimenti sia alla morfologia dei luoghi sia alle modalità della navigazione condotta sottocosta: «E quando noi arrivammo alla detta bocca, parea veramente che noi fussimo in una casa serrata, perché quella bocca è larga cerca due o tre miglia. A man dritta di detta bocca è terra alta cerca 20 passi, ed è disabitata e sterile, per quanto si può veder di lontano; e a man manca di detta bocca è una montagna altissima, ed è sasso». Circostanziato arriva quindi l'avvistamento dell'isola di Perim, localizzata in mezzo al varco e qui denominata con il termine universalmente utilizzato per indicare il braccio di mare che la contiene: «Al mezzo di detta bocca v'è una certa isoletta disabitata che si chiama Bebel Mendel, e chi vuol andare a Zeila piglia il cammino a man diritta, e chi vuol andar in Aden lo piglia a man manca: e così facemmo noi per andar in Aden, e sempre andammo in vista di terra, e dal detto Bebel Mendel arrivammo alla città di Aden in poco manco di due giorni e mezzo» (*ibidem*, p. 789).

La rete dei traffici mercantili dipanata da un litorale all'altro dell'Oceano Indiano è descritta con riferimenti geografici accurati e ricondotti al repertorio toponomastico all'epoca in adozione. Parlando di Aden infatti Varthema annota: «Questa città è la principal e bellissima e la meglio fabbricata de tutte le citta dell'Arabia Felice. Qui fanno capo tutti li navilii che vengono dall'India maggiore e dalla minore, e dalla Etiopia e dalla Persia, per li gran traffichi che vi sono. Tutti li navilii che hanno ad andare alla Mecca vengono a pigliar porto qui». Immancabile diventa il riferimento al funzionamento dei dispositivi di sorveglianza delle autorità portuali addette a difendere l'inesauribile cespite di lucrose entrate:

> [...] e così presto che arriva una nave in porto, vengono li officiali del soldano della dogana di detta città, e vogliono saper donde vengono e che portano, e quanto tempo è che si partirono dalle lor terre, e quante persone vanno per ciascuna nave. E poi che hanno inteso ogni cosa, per l'ordine del regno, levano alle dette navi gli arbori e le vele, li timoni e l'ancore, e ogni cosa portano dentro della città: e questo fanno accioché dette persone non si possino partire senza pagar la gabella al soldano». In rapporto a queste osservazioni, l'apparato difensivo di Aden con le sue articolazioni arroccate è fonte di particolare considerazione per il Bolognese: «Aden è una città la più forte che mai abbia visto in terra piana, e ha le mura da due bande, e dall'altre bande sono le montagne grandissime, sopra le quali sono cinque castelli; e la terra è nel piano di questi monti, e fa circa cinque o seimila fuochi [*ibidem*, pp. 789-790].

Gli adeguamenti cartografici successivi all'ingresso portoghese nell'Oceano Indiano non si fanno attendere, anche se all'inizio elementi di novità e fardelli della tradizione iconografica precedente coesistono; dal canto loro le autorità di Lisbona difendono il momentaneo monopolio commerciale attraverso il segreto di Stato applicato alle formulazioni di carattere nautico.

Nella carta dell'Africa realizzata in xilografia da Sebastian Münster (1540), il *Mare Rubru(m)* viene riportato a campitura uniforme e senza dettagli interni nonostante appaia notevolmente allargato a spese sia della regione tripartita a levante fra *Arabia deserta*, *Petrea* e *Felix*, sia del continente africano ove un *REGNUM de Seylam* spicca in corrispondenza del Corno d'Africa. Nel suo repertorio iconografico la carta ripropone esseri fantastici quali i *Monoculi*, insediati sulla costa africana centro-occidentale, e mescola reminiscenze tolemaiche classiche, come la raffigurazione della doppia sorgente del Nilo, con altre medievali riferite alla *Hamarich Sedes Prete Iohani*, localizzata proprio entro il bacino idrografico del grande fiume e confinante con i regni affacciati alle coste orientali del continente. Una didascalia però annota come ormai sia giunto il tempo dell'osservazione diretta dei luoghi: «A Lusitania ad Calechut Orientis imperiu(m), hoc itinere per mare devenitur» e fanno seguito le principali tappe scandite lungo la navigazione che dalla **Mauritania** porta alle sponde occidentali del subcontinente indiano (TOOLEY, 1961, p. 97).

Anche l'«Oltre Suez» secondo Battista Agnese (1553), in una carta tratta dall'atlante manoscritto conservato nel Museo Civico Correr a Venezia, si rifà alla generica e tradizionale campitura rossa, inserendo però di fronte alle opposte sponde una disposizione di due allineamenti insulari, privi peraltro di significative caratterizzazioni. Notevole invece, al centro della sezione meridionale dello specchio del Mar Rosso, un raggruppamento di tre isole, in una posizione decisamente tale da essere facilmente **rilevabile da tutti i navigli in transito nella zona**. Nei pressi compare altresì una vignetta di incerta decifrazione. Il dato significativo che se ne evince è che comunque restava assodata all'epoca la conoscenza di affioramenti insulari consistenti posti lungo la rotta per l'Oceano Indiano e a breve distanza da Aden.

Ulteriori dettagli si affermano nel corso del secolo successivo ad arricchire l'immagine cartografica dei luoghi. L'*Africae nova descriptio* di W. Blaeu (composta attorno al 1617 e inserita successivamente nel *Grooten Atlas* della casa uscito nel 1662) presenta particolare interesse perché vi ricorre frequentemente una **doppia denominazione dei luoghi** e introduce una significativa **rappresentazione delle condizioni della navigazione in transito fra Oceano Indiano e Mar Rosso** (*Gran*

Atlas..., 2000, pp. 7 e 140-141). Così si ha il: *MARE RUBRUM, Mare de Mecca olim Sinus Arabicus*, rientato da nord-ovest verso sud-est parallelamente all'allungamento della Penisola Arabica ed esteso sino allo Stretto denominato *Babelmandel*, all'interno del quale si inserisce un'isola chiaramente identificabile con Perim, in virtù della sua collocazione. Poco più verso settentrione spicca la precisa indicazione di tre isole disposte, alla stessa latitudine, nel senso dell'ampiezza del bacino. Alla più occidentale, prossima alla costa africana, sembra associarsi il toponimo *Zeibam*, mentre le altre due, rispettivamente al centro dello specchio marino e verso la costa di levante, presentano nel loro mezzo la designazione *Camaran*, anticipazione del moderno nome delle Kamaran. Una puntinatura fitta disposta parallelamente alle due coste del mare si ricollega direttamente alle insidie per la navigazione rappresentate da secche e banchi corallini di limitate dimensioni, ma non per questo meno pericolosi per le imbarcazioni.

Alla ricchezza delle annotazioni contenute nel documento non fa però riscontro una generalizzata attenzione rivolta a nuovi dettagli ed inserimenti da parte degli autori successivi. Significativa in tal senso è la quarta carta dell'atlante nautico manoscritto di Brémond (1669), dove il Mar Rosso appare «segnato nel solito modo con isole dorate lungo le coste» (DEL FABBRO CARACOGLIA, 1999, p. 298), secondo una pratica convenzionale che si pone nel solco di una lunga e consolidata tradizione iconografica perdurata a lungo in data anteriore alla costruzione del Canale di Suez.

Pochi decenni più tardi i francesi confermeranno i loro interessi nel settore dello Stretto con l'occupazione dell'isola di Perim del 1738, prodottasi successivamente a quella lusitana del Cinquecento. Tale presenza finisce comunque per essere rimpiazzata allo scadere del secolo dallo sbarco di un contingente di truppa della rivale Gran Bretagna. L'episodio si colloca all'interno delle guerre napoleoniche e la manovra intende impedire alle forze di Parigi la realizzazione di qualsiasi mira progettuale configurante l'accesso alla regione indiana. Nella circostanza è la Compagnia delle Indie a prenderne possesso, prima del momentaneo abbandono dovuto alle repulsive condizioni climatico-ambientali.

Nel 1839 l'iniziativa inglese si rafforza con la conquista di Aden, immediatamente attrezzata come fortezza militare e scalo marittimo sul percorso lanciato per raggiungere i possedimenti indiani e per rifornire gli avamposti mercantili stabiliti di fronte al territorio cinese negli anni immediatamente precedenti alla fondazione di Hong Kong. Poco tempo dopo, il 1856 farà registrare la formale annessione dell'isola di Perim da parte della Gran Bretagna, all'interno del vasto disegno strategico di costruzione del dominio coloniale d'oltremare. Nel contesto di tale visione progettuale di matrice imperiale, lo Stretto di Bab al Mandab diviene conseguentemente un anello strategico del sistema di collegamento britannico con le Indie, noto come la «rotta dei vapori»[7]. La postazione di Perim viene a essere provvista di tutta una serie di dotazioni funzionali in rapporto ai complessi compiti che la investono: un faro di guida alla navigazione e vari sistemi fortificati di supporto alla presenza della guarnigione. Nel corso dell'anno seguente, il 1857, viene stilato un primo «Trattato di amicizia» fra il Regno Unito e il Sultanato di Lahej, situato a ovest di Aden ed esteso territorialmente sino alle coste dello Stretto. L'incorporazione di questo areale nella sfera d'influenza britannica significa l'aggiunta di un collegamento terrestre a quello marittimo già esistente fra Pe-

---

[7] L'articolazione della storica rotta, complessa linea di coesione strategica, militare ed economica del sistema di potere coloniale britannico, è presentata in carta nelle due tavole corredate da testo a fianco: *World on Mercator's Projection* e *Overland Route to India* comparse alla metà dell'Ottocento in *The Illustrated Atlas and Modern History of the World*, pubblicato a Londra dall'editore J. Tallis & Co. con testo di Montgomery Martin e ricco repertorio illustrativo dotato di soggetti etnografici e disegno dei luoghi salienti. L'itinerario è indicato con una linea blu continua sulle ripartizioni geografiche coinvolte (POTTER, 1990, pp. 18-19 e 74-75). Ne risulta evidenziato come in data anteriore alla costruzione dello storico Canale la «Steam Route to the Colonies» risultasse interrotta ad Alessandria, da dove partiva il collegamento via terra sino a Suez. Di qui l'itinerario marittimo poteva proseguire percorrendo l'intera lunghezza del Mar Rosso, per poi attraversare la Stretto di Bab al Mandab e puntare infine sulla direttrice dell'India, di Singapore, di Hong Kong e dell'Australia. Dallo stesso testo, la carta regionale *Arabia*, riferita all'intera Penisola Arabica, riporta con cura la fase di avvicinamento al *Bab el mandeb Str.* e all'isolotto di Perim, indicatovi esattamente nel mezzo, a ovest del *Bab el Mandeb Gulf*, corrispondente all'attuale Golfo di Aden. Con riferimento all'arcipelago delle Hanish-Zuqur, il documento non manca di dettagli. Vi si nota infatti l'isola di *Zebayer* (l'attuale Zubair alla latitudine delle Kamaran), mentre più a sud compare l'indicazione *Hanish* a toccare l'isola di Zuqur, accanto alla quale nella giusta posizione compaiono pure la Piccola e la Grande Hanish (*ibidem*, pp. 88-89).

rim e Aden, in modo da consolidare il dispositivo militare a guardia del passaggio obbligato dei convogli. L'area geografica coinvolta dal sistema di potere inglese si espanderà nei decenni successivi con la continua ratifica di trattati di «Protezione» prima, di «Pace e amicizia» successivamente, coinvolgenti un numero sempre maggiore di potentati locali. Queste manovre si evolvono sino a configurare la costituzione del *Protectorate of South Arabia*, esteso sulla fascia litorale sud-occidentale e separato verso nord da quelli che sono i domini turchi tramite la cosidetta «Linea viola», demarcata nel 1905 e destinata a rappresentare anche la frontiera fra i due Yemen nel corso del XX secolo (HAMALAINEN, 1996, p. 9).

Tappa fondamentale per il raffittirsi del movimento navale nello Stretto di Bab al Mandab è l'inaugurazione, avvenuta il 17 novembre 1869 al culmine di dieci anni di lavori, del Canale di Suez. La grande opera ingegneristica apriva in questo modo l'imboccatura settentrionale del Mar Rosso, rilanciando e potenziandone il ruolo di grande arteria mercantile a proiezione internazionale. Le condizioni giuridiche destinate a governare il regime di transito all'interno della via d'acqua di recente attivazione venivano fissate il 29 ottobre 1888 dalla Convenzione redatta a Costantinopoli entro la cornice diplomatica dell'epoca. Nella circostanza le parti contraenti erano l'Impero Ottomano da una parte, le maggiori potenze europee, Gran Bretagna in testa, dall'altra, con la partecipazione alla firma di Italia, Francia, Spagna, Germania, Austria-Ungheria e Russia fra le molte rappresentanze presenti. Sulla base delle disposizioni del testo concordato, il canale restava aperto alla libera navigazione: «tanto en tiempo de paz como en tiempo de guerra, para todos los navios de comercio o de guerra, sin distinción de banderas» (GÁNDARA GALLEGOS, 1990, p. 223) e all'articolo I veniva espressamente bandito il diritto di blocco navale che sarebbe entrato in contrasto col principio di «libero uso» del corridoio di transito.

Naturale conseguenza del nuovo dispositivo di facilitazione marittima risultava l'addensamento competitivo dello spazio coloniale proiettato verso il Golfo di Aden. Infatti, se l'apertura settentrionale del Mar Rosso rientrava nominalmente nell'ambito di giurisdizione ottomana e la sua accessibilità aveva reso necessario un accordo internazionale, l'estremità meridionale doveva conoscere molto presto una concentrazione degli sforzi militari e logistici rivolti all'occupazione dei distretti strategicamente più vantaggiosi. La ricerca intensiva di posizioni chiave per il rafforzamento delle manovre di affermazione commerciale e di dominio territoriale viene quindi a configurare un confronto multipolare fra le potenze imperiali interessate al settore, individuando così attorno allo Stretto di Bab al Mandab la genesi di una regione di delicati equilibri geopolitici. Questo motivo storico-evolutivo si ritrova quindi a guidare il processo conflittuale che coivolge le quattro potenze d'occupazione attestatesi lungo la rotta per le Indie nel corso dell'Ottocento: Gran Gretagna, Italia, Francia e Impero Ottomano. Mentre gli inglesi si arroccano ad Aden, la corsa coloniale al controllo dello strategico varco di uscita dal Mar Rosso viene a conoscere lo stabilimento di analoghi dispositivi territoriali di vigilanza armata ed influenza politica.

I francesi ripetono la strutturazione inglese di una piazzaforte potentemente munita, e la scelta insediativa ricade su Gibuti, posta a breve distanza dalla rivale Aden sulla sponda opposta dell'omonimo Golfo. La loro iniziativa politico-diplomatica segue modalità evolutive ricorrenti sulla base dello schema consolidato che prevede la stipula di accordi con i centri di potere organizzato presenti nel settore d'operazione. Nel pieno rispetto di questa linea di condotta viene fondato nel 1884 un primo nucleo di protettorati che investe i sultanati di Raheita, Tagiura e Gobad (*Enciclopedia Italiana...*, 1951, XXXII, p. 119). Nei quattro anni seguenti la penetrazione francese mira ad assicurarsi il controllo di Gibuti e Obock, a guardia degli accessi obbligati (rispettivamente meridionale e settentrionale) al Golfo di Tagiura, ormai divenuto l'asse morfologico attorno al quale si dispiega l'apparato coloniale di Parigi. Alla fine del secolo arriverà una serie di convenzioni a delimitare la sfera di competenza della cosiddetta *Côte Française des Somalis* e verranno di conseguenza demarcate le linee di confine con i possedimenti britannici, italiani e abissini.

Le forze inviate dal governo di Roma si attestano a loro volta sul fianco orientale africano posto immediatamente più a nord, in corrispondenza del litorale eritreo. Nel 1882, tredici anni dopo l'apertura del Canale di Suez, la Baia di Assab diviene formalmente il primo possedimento italiano nello strategico settore, cui segue nel 1885 l'occupazione del porto di Massaua (SPINI, 1963, III, p. 280), preludio dell'avanzata verso la regione interna degli altopiani etiopici. La presenza italiana interessa quindi nei suoi sviluppi iniziali una estesa fascia costiera di più di quattrocento chilometri di lunghezza da utilizzare quale sponda di partenza per le proiezioni offensive nell'entroterra; le risorse disponibili comunque non vanno oltre l'importanza strategica della linea di controllo, perché le aride condizioni climatico-ambientali della depressione dancala introducono una nota di forte repulsività.

Il regio decreto del 1° gennaio 1890 introdurrà comunque la denominazione di *Colonia Eritrea*, per indicare l'accorpamento di tutti i possedimenti italiani allungati sulla riva sud-occidentale del Mar Rosso (*Enciclopedia Italiana...*, 1951, XIV, p. 220). Successivamente, il governo italiano procede alla demarcazione delle separate linee di confine con le sfere di potere britannica in Sudan, francese a Gibuti ed etiope verso l'entroterra dominato dalla vasta mole dell'acrocoro omonimo. I trattati internazionali che ne scaturiscono abbracciano un intervallo di dieci anni, fra il 1891 ed il 1901 [8]. All'interno di tale

---

[8] Nella rassegna dei trattati stipulati dal governo di Roma con i soggetti politici presenti nel settore all'inizio del XX secolo e che oggigiorno l'Eritrea considera nella vigilanza sulla propria integrità territoriale all'interno dei confini stabiliti dagli accordi in questione, sono da segnalare otto in particolare, suddivisi in base a criteri geografici (verso occidente, meridione e sud-est) e giurisdizionali. Per le intese redatte con le autorità del condominio anglo-egiziano in Sudan, *Protocol between Great Britain and Italy for the Demarcation of Their Respective Spheres of Influence in East Africa from Ras Kasar to the Blue Nile. Rome, 15th April, 1891*; *Agreement between the Governor of Suakin, representing the Egyptian Government and the Royal Civil Commissioner for the Colony of Eritrea, representing the Italian Government, for Determining the Italo-Egyptian Frontier to the North of the Colony of Eritrea. Signed at Asmara, 7th December, 1898*; *Agreement Relative to the Frontier between the Anglo-Egyptian Sudan and Eritrea signed at Sabderat, 1st June, 1899*; *Agreement Respecting the Frontier between the Anglo-Egyptian Sudan and Eritrea from Sabderat to Todluc. Signed at Todluc, 16th April, 1901*. Sugli accordi con l'autorità imperiale etiope, *Treaty between Italy and Ethiopia, for the Delimitation of the Frontier between Eritrea and Ethiopia. Signed at Addis Abeba, 10th July, 1900 (Ratified by the King of Italy, 13th April, 1901)*; *Convention between Italy and Ethiopia for the Settlement of the Frontier between the Italian Colony of Eritrea and the Provinces of the Ethiopian Empire. Signed at Addis Abeba, 16th May, 1908*. Infine, sui documenti scambiati col governo francese, *Protocol for the Delimitation of the French and Italian Possessions in the Coastal Region of the Red Sea and the Gulf of Aden. Rome, 24th January 1900*; *Protocol for the Delimitation of the French and Italian Possessions in the Coastal Region of the Red Sea and the Gulf of Aden. Signed at Rome, 10th July, 1901*. Per il testo completo dei registri diplomatici si rimanda alla *Ethiopian-Eritrean Conflict Webpage*, curata dal professor H. Ghebre-Ab nell'ambito dell'*University of Cincinnati History Forum*.

definizione territoriale, Massaua resta quale unico porto di acque profonde attestato su tutta l'estensione della costa africana del Mar Rosso, motivo che ne esalta l'importanza politica e militare rafforzata successivamente dalla costruzione della lunga strada lanciata dall'amministrazione italiana sulla direttrice dell'Asmara, con proseguimento per Zala Anbesa (all'attuale confine fra Eritrea ed Etiopia), Adigrat, Mekele e infine Addis Abeba. Si tratta di un tracciato di riconduzione marittima che apre verso l'esterno il vasto retroterra inquadrato nell'Africa Orientale Italiana e che giungerà a rappresentare l'autentico asse di coesione territoriale dell'esteso dominio mantenuto da Roma sino allo scoppio del secondo conflitto mondiale.

La geografia del potere imperiale articolata attorno al Mar Rosso, con particolare attenzione rivolta al settore dello Stretto, include infine i domini ottomani, sviluppatisi nella regione in due riprese storiche. La prima occupazione (destinata a durare poco più di un secolo) risale al 1517, quattro anni dopo il fallito tentativo portoghese di conquistare Aden e rafforzare in tal modo il dispositivo militare di appoggio ai collegamenti commerciali verso le Molucche. In questa distretta i consumi di caffè si affermano vigorosamente e il porto di Moca, localizzato pochi chilometri a nord del passaggio marittimo e in diretto contatto con l'entroterra agricolo rappresentato dagli altopiani yemeniti, diviene attivissimo centro di rilevanza mondiale per la tostatura e l'esportazione dell'aromatico prodotto. La seconda dominazione ha inizio nel 1849, prima dell'apertura del Canale di Suez, con un movimento offensivo che parte dalla cimosa litorale della Tihama per raggiungere le alteterre interne yemenite, in contrasto con l'allargamento della sfera di condizionamento britannica incardinata su Aden: e come precedentemente segnalato, la definizione confinaria fra le due aree di competenza avrà luogo nel 1905. Sin dagli inizi di questa fase, l'organizzazione territoriale ottomana privilegia il decollo portuale di Hodeida a scapito di Moca, avviando operazioni di potenziamento sulla scorta dell'esempio fornito dal munitissimo caposaldo di Aden (HAMALAINEN, 1996, p. 152). I turchi mantengono ampie proiezioni sul Mar Rosso anche verso settentrione e il loro sistema di controllo territoriale giunge a coinvolgere l'intera sponda orientale del bacino, dal bastione di Aqaba sino alla lontana e strategica provincia dello Yemen. Le difficoltà enormi legate alla necessità di mantenere tesissime linee di collegamento fra i domini della Penisola Arabica e la capitale porterà all'annuncio (fatto a Istanbul dal sultano nel 1900) che presto sarebbe stata posta in cantiere la ferrovia dell'Hegiaz, diretta da Damasco a Medina e con prolungamento previsto sino alla Mecca. Motivo ufficiale per la realizzazione dell'opera è facilitare l'afflusso dei fedeli alle città sante testimoni della vita e delle opere del Profeta; il realtà la «Ferrovia dei pellegrini» risponde a una logica di matrice militare-imperiale volta ad avvicinare al centro le province periferiche dell'Hegiaz e dello Yemen parallelamente alla direttrice del Mar Rosso. La strada ferrata entra in servizio nel 1908 sino al capolinea meridionale di Medina; investita del ruolo di asse di puntello territoriale, tenta di porre rimedio allo stato di frammentazione dei domini imperiali nell'evanescente sezione affacciata al Mar Rosso, una situazione del tutto rispondente allo stato generale di collasso dell'Impero della Sublime Porta.

Nel corso del primo conflitto mondiale è la Gran Bretagna a esibire piena superiorità militare nel teatro d'operazioni mediorientale. La linea ferroviaria diviene obiettivo bellico prioritario e ripetuti episodi di assalto-sabotaggio da parte delle legioni beduine saranno guidati dalla figura divenuta leggendaria di Lawrence d'Arabia, in obbedienza al piano tattico-strategico di costringere il nemico a Medina con una inutile, costosa e scollegata guarnigione. Questa per di più rimane costretta a mantenere una lunga linea di difesa passiva completamente esposta ai due lati della ferrovia, in ossequio a un orgoglioso principio di tradizione imperiale rivolto all'irrinunciabilità dei domini (LAWRENCE, 1971, p. 260). L'epilogo delle vicende belliche e la dissoluzione dell'Impero Ottomano conducono al ritiro dei turchi dallo Yemen nel corso del 1919. Il successivo Trattato di Losanna del 1923 segna la rinuncia ufficiale di Istanbul a tutti i domini della Penisola Arabica (HAMALAINEN, 1996, p. 10) e conferma al contempo il ruolo di primo piano mantenuto dalla potenza britannica nella sorveglianza delle porte d'accesso al Mar Rosso attraverso le sue numerose dipendenze.

A piena conferma dell'assunto e in rapporto allo sviluppo delle rotte marittime verso le Indie, l'isola di Perim vede affermarsi negli anni del dopoguerra la stazione carboniera, al culmine di una lunga fase evolutiva iniziata già nel secolo precedente. La mancanza di richieste per la riscossione di diritti portuali infatti spinge molti bastimenti a fare scalo a Perim anziché ad Aden. Un momento di auge viene toccato già verso il 1892, quando Perim conosce la cifra da primato di più di settecento navi attraccate, contro le 1500 della vicina e ben più potente Aden – che però si trova a dover affrontare gravi problemi di dragaggio e di adeguamento infrastrutturale. Nel periodo intercorrente dal 1894 al 1914 la differenza si stabilizza: il numero dei carghi approdati nella piccola isola oscilla attorno alle 400-500 unità, contro le 1300-1500 del porto principale (GAVIN, 1961-62, p. 36). Nel 1930 verrà registrato un movimento marittimo ancora diverso, quando 352 bastimenti si ritrovano ad incrociare nelle sue acque per usufruire delle infrastrutture d'appoggio impiantatevi (*Enciclopedia Italiana...*, 1949, XXVI, p. 754).

Nella seconda metà del Novecento una significativa vicenda geopolitica, interessante in modo diretto lo Stretto di Bab al Mandab, è la costituzione di due soggetti politici distinti sul territorio comprendente le fasce litorali e l'entroterra ricollegati alla via d'acqua nell'angolo sud-occidentale della Penisola Arabica.

Il 29 novembre 1967 rappresenta una data estremamente significativa per la regione, in quanto viene a prodursi il momento di trapasso storico in cui gli inglesi abbandonano definitivamente Aden (HAMALAINEN, 1996, p. 12), consentendo la presa del potere da parte del Fronte di Liberazione Nazionale che aveva condotto la lotta di resistenza armata al colonialismo. I rivolgimenti connessi al ritiro britannico dal settore portano alla giustapposizione territoriale della repubblica dello Yemen del Nord e della Repubblica Popolare dello Yemen Meridionale, quest'ultima sorta il 30 novembre 1967 con una denominazione sostituita, esattamente tre anni più tardi (il 30 novembre 1970), da quella di Repubblica Popolare Democratica dello Yemen (*Calendario Atlante...*, 1975, pp. 407-409). Il nuovo assetto geopolitico gravitante sullo strategico settore dello Stretto si colloca nel vasto quadro planetario del confronto bipolare ideologico, politico, militare ed economico fra i due blocchi dell'Occidente capitalista e dei paesi dell'Est a regime socialista.

Le condizioni per l'avvio di una pacifica e produttiva fase di stabilità sono del tutto inesistenti nella sfera areale sottoposta all'autorità del governo di Aden: lotte intestine dilaniano la scena politica interna, mentre sul fronte delle relazioni diplomatiche aspri motivi di contenzioso restano aperti con l'Oman verso est, con il confinante Yemen del Nord e infine con l'Arabia Saudita. Mentre non si ricompone la questione dei confini terrestri con l'Oman, gli anni Settanta vedranno due volte accendersi ostilità aperte lungo il confine settentrionale, senza peraltro modificare affatto i rapporti di forza sul terreno. Anche l'andamento della linea di frontiera, in molti punti non chiaramente demarcata, resta senza variazioni né spostamenti (HAMALAINEN, 1996, p. 13). Nel corso del decennio successivo, lo Yemen del Nord, sottoposto a un regime di dittatura militare e privo di partiti politici, tiene in vigore la legge islamica, ma al contempo introduce elementi di un nuovo genere di vita ispirato ai valori occidentali. L'obiettivo è quello di proiettare il paese «dal sistema medievale dell'imamato al XX secolo» (*ibidem*, p. 14), un progetto politico che non manca di raccogliere consensi anche sulla base del confronto con il ricco Stato limitrofo dell'Arabia Saudita, con il quale però rimangono sul tappeto problemi di carattere confinario a rendere più difficile il quadro delle relazioni diplomatiche. Nel contempo, il vicino del Sud continua a conoscere il travaglio della guerra civile alimentato dalle faide di matrice tribale e politica: resterà imprecisato il bilancio delle vittime legato a questo periodo.

Una svolta importante si verifica alla fine degli anni Ottanta, quando le condizioni involutive dell'Unione Sovietica, destinate a sfociare nella dissoluzione politica della confederazione, portano all'arresto degli aiuti economici e dell'appoggio ideologico fornito agli alleati. Inoltre la scoperta di importanti giacimenti petroliferi nella regione di frontiera priva di demarcazione introduce la necessità di sortire nuove soluzioni diplomatiche. L'istituzione di una zona neutrale di uso comune (*ibidem*, p. 15) accelera l'evoluzione politica orientata verso la riunificazione dei due paesi. L'anno decisivo è il 1990, quando il confine viene demilitarizzato e aperto, le due monete acquisiscono corso legale nei due paesi, il sistema pluripartitico viene legalizzato nello Yemen del Nord, mentre la libera impresa assume il diritto all'attività nello Yemen del Sud; il 22 maggio 1990 nasce ufficialmente la Repubblica dello Yemen con la proclamazione dell'unità nazionale (MERMIER, 1997b, p. 6). San'a diviene la capitale politica, Aden acquisisce il titolo di capitale economica del paese (MER-

CIER, 1997, p. 55). Prendono così corpo i timori sauditi di uno Stato yemenita riunificato, attestato strategicamente sul Mar Rosso e sul Mare Arabico a guardia dello Stretto di Bab al Mandab e per di più dotato del maggiore peso demografico fra tutti i soggetti politici che si collocano entro la Penisola Arabica (MERMIER, 1997a, p. 3).

L'anno successivo, 1991, attraverso un referendum viene votata la nuova costituzione che sancisce la riunificazione e cerca di conciliare i principi fondamentali che avevano ispirato le differenze fra i due Stati – il socialismo al Sud, il capitalismo coniugato con la pratica islamica al Nord. L'articolo 6 del dettato costituzionale invoca infatti in successione: la giustizia sociale islamica nei rapporti produttivi e sociali; la costruzione di un settore pubblico sviluppato e capace di prendere possesso dei principali mezzi di produzione; la protezione della proprietà privata. A conclusione del passaggio si ritrovano le stesse misure intese a garantire: «l'établissement de relations socialistes fondées sur les héritages arabes et islamiques et les spécificités de la société yéménite» (DETALLE, 1997, p. 20). Il sistema politico messo in piedi per la cogestione del potere fra i precedenti apparati di Stato entra ben presto in una fase di rapido deterioramento, mentre il clima della sicurezza generale si fa sempre più compromesso da una raffica di attentati che mietono vittime fra i funzionari del Partito Socialista precedentemente costituitosi nello Stato del Sud. Il 4 maggio 1994, con gli scontri di Dhamar, scoppia la guerra civile. L'esercito del Nord varca la precedente linea di confine e avanza sulla direttrice di Aden sino ad assediare la roccaforte della resistenza sudista. Il 7 luglio dello stesso anno l'assedio della città ha termine, consentendo allo stesso tempo la fine dei due mesi di guerra intestina e la definitiva riunificazione del paese (MERMIER, 1997a, p. 3). Nel mese di settembre vengono operate delle modificazioni del testo costituzionale, rivolte a sottolineare scelte orientate in senso più liberista. L'articolo 7, infatti, riprende i temi della giustizia sociale islamica e della difesa della proprietà privata, aggiungendo al contempo il principio della concorrenza, all'interno del quadro legale, fra i settori pubblici, privati, cooperativi e misti; verrà curata altresì «l'organisation d'un traitement équitable et juste pour tous les secteurs» (DETALLE, 1997, p. 20).

Nel corso degli anni Novanta si avviano in una nuova fase risolutiva anche i contenziosi di frontiera dello Yemen. Con l'Oman, il 1° ottobre 1992 viene ratificato un accordo sui confini che verrà perfezionato con l'approvazione e la firma delle carte applicative nel 1997, sino a raggiungere una stipulazione definitiva nell'agosto 1998 come segnalato dal giornale *Al-Sharq al-Awsat* (Londra, 2 agosto 1998). Con l'Arabia Saudita resta aperto un contenzioso per il confine settentrionale, nonostante la firma il 26 febbraio 1995 di un *memorandum* d'intesa il quale stabilisce il ripristino dei cippi confinari che avevano fatto seguito al Trattato di Ta'if [9]. Nel contesto di tale quadro negoziale si colloca l'annuncio da parte yemenita di una imminente conclusione delle lunghe trattative con la definitiva stesura della linea di confine [10]. Successivi episodi di scontri alla frontiera nel corso del 1998 e la sospensione dell'attività delle commissioni tecniche incaricate di piazzare i cippi confinari dimostreranno il carattere prematuro della dichiarazione. Lo Yemen non mancherà comunque, a titolo di esempio, di richiamarsi alla conclusione della sua controversia con l'Oman, sottolineando il valore di tali accordi in termini di ripresa della cooperazione economica ed esprimendo l'auspicio di non dover ricorrere all'arbitrato internazionale come estrema formula risolutiva.

In rapporto al quadro di generale instabilità politica del settore dominato dal conflitto mediorientale e alla convulsa esperienza storica di gestione del potere nelle due compagini statali yemenite prima della riunificazione, anche il passaggio di Bab al Mandab doveva registrare preoccupanti contraccolpi. Un episodio estremamente significativo in tal senso, soprattutto se considerato sotto il profilo del diritto internazionale, è venuto a prodursi nel giugno 1971. Il principio di libera navigazione nelle acque dello Stretto non era mai stato sottoposto a limitazioni di sorta fino alla data segnalata, quando una petroliera battente bandiera liberiana e affittata da Israele, la «Coral

---

[9] Per una dettagliata ricostruzione cronologica degli accadimenti verificatisi fra il 15 aprile 1991 e l'11 febbraio 2000 in rapporto alle relazioni bilaterali saudite-yemenite e con particolare riferimento alla disputa per i confini, si veda il sito della rete informatica mondiale *www-ibru.dur.ac.uk*, curato dall'*International Boundaries Research Unit* dell'Università di Durham (Gran Bretagna).

[10] Una descrizione della linea di confine in via di definizione diplomatica a partire da Ras al-Mu'waj sul Mar Rosso e appoggiata al «meeting point of Yemen, Oman and Saudi Arabia» verso Levante è contenuta in «Yemen Times», Sanaa, 25 agosto 1997, pp. 1-5.

Sea», si ritrova a subire un attacco armato nel corso dell'attraversamento del corridoio marittimo (LAPIDOTH-ESCHELBACHER, 1982, p. 135).

Il limitato braccio di mare diviene successivamente punto di richiamo conflittuale in occasione della guerra arabo-israeliana scoppiata nell'ottobre 1973. Le forze egiziane bloccavano il Mar Rosso senza emettere alcuna dichiarazione ufficiale e di fatto tagliando le comunicazioni fra Tel Aviv e gli scali localizzati lungo le coste africane e asiatiche. Il blocco fu rimosso nel novembre dello stesso anno nell'ambito dell'accordo di cessate il fuoco fra le parti belligeranti, riportando così alla normalità la frequentazione del Bab al Mandab, ma altresì dimostrando tutto il suo grado di esposizione alle turbative introdotte dalle congiunture geopolitiche in agitazione sullo scenario internazionale.

La navigazione nello Stretto di Bab al Mandab. – Di fronte all'incremento del traffico e della stazza del naviglio, la ristrettezza del braccio di mare richiedeva l'attivazione di un sistema di regolamentazione della pratica navigazionale.

Uno schema di separazione del traffico marittimo veniva introdotto per lo Stretto di Bab al Mandab già prima della definitiva ratifica del diritto del mare (come inquadrato dalla Convenzione di Montego Bay del dicembre 1982). Il sistema di transito veniva a comprendere una serie di allineamenti e fasce marine caratterizzata da livelli differenziati di specializzazione funzionale (fig. 2). Era possibile in questo modo distinguere: una linea divisoria piazzata fra la costa africana e il piccolo affioramento di Perim; una zona di separazione a cavaliere della precedente e ampia un miglio marittimo; due corsie navigabili a senso unico di marcia, quella orientale per il traffico diretto verso nord, quella occidentale al contrario per il traffico diretto verso sud e l'Oceano Indiano. Ciascuna risultava poi articolata in due spezzoni in funzione della complessa morfologia dettata dal susseguirsi delle fronti litoranee nel settore: quello settentrionale orientato secondo NNO-SSE e quello meridionale da nord-ovest a sud-est. Veniva ancora previsto uno spazio riservato al traffico sottocosta e disteso fra l'isola di Perim e il litorale yemenita, corrispondente quindi al cosiddetto Piccolo Stretto (LAPIDOTH-ESCHELBACHER, 1982, pp. 136-138).

Nella temperie storica della seconda metà del Novecento una distribuzione di rotte alternative doveva comunque di necessità raccor-

FIGURA 2
SCHEMA DI SEPARAZIONE DEL TRAFFICO MARITTIMO
NELLO STRETTO DI BAB AL MANDAB

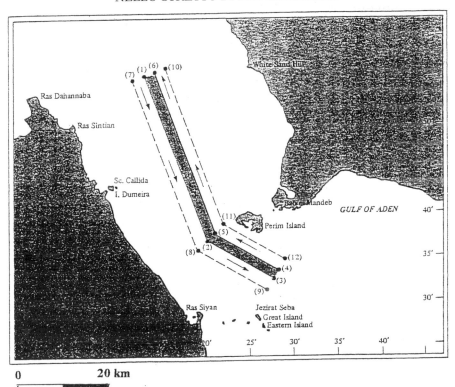

Fonte: R. LAPIDOTH-ESCHELBACHER, *The Red Sea and the Gulf of Aden*, L'Aja, Boston e Londra, Martinus Nijhoff, 1982, p. 137.

darsi ai focolai di tensione politica internazionale legati al conflitto arabo-israeliano e al confronto bipolare fra i blocchi guidati da Stati Uniti e Unione Sovietica rispettivamente. Sulla base di questi condizionamenti, e sino alla fine degli anni Ottanta del Novecento, i bastimenti israeliani e statunitensi privilegiavano una rotta protesa parallelamente alla costa africana lungo una direttrice che si appoggiava alle acque territoriali di Gibuti. Per ragioni analoghe e contrarie, i vascelli sovietici incrociavano invece in corrispondenza della costa asiatica nelle acque poste sotto la giurisdizione dell'alleato governo di Aden, la capitale dello Yemen del Sud.

Lo scalo portuale di Aden. – La conformazione della rada di Aden, dominata dalla mole di un antico apparato effusivo, costituisce un sito naturalmente predisposto per le funzioni collegate alle attività navali e alla protezione delle stesse. Tali specificità risultano poi esaltate proprio dalla vicinanza allo Stretto di Bab al Mandab, in modo tale da costituire un imperioso complesso di motivi che fa del sito la secolare sentinella del varco incastonato fra Mar Rosso e Oceano Indiano.

L'organizzazione operativa degli spazi portuali di Aden emerge per tempo sin dagli albori dell'effimera egemonia lusitana sulla rotta delle spezie. Risale a tale congiuntura storica la descrizione accurata di *Adem* redatta dal portoghese Duarte (italianizzato da Ramusio in Odoardo) Barbosa, il quale fornisce in scansione esaustiva la collocazione geomorfologica, i dispositivi di difesa, le risorse idriche, l'intensità del movimento marittimo, la varietà del traffico commerciale e infine l'ampia articolazione geografica dell'avanmare pertinente allo scalo portuale.

> Uscendo del mar Rosso per Bebelmandel, che, come si è detto, è nello Stretto, nel mar largo, poi per la costa avanti sono alcune terre di Mori, che tutte sono del regno di Adem. E passate queste terre arrivasi alla città di Adem, che è di Mori e ha re da per sè, e molto bella città, con molte belle e gran case; ed è di molto traffico, con molto buone strade, e molto ben murata di buone muraglie all'usanza di qua. Questa città è sopra una punta, fra una montagna e il mare, e la montagna dalla banda di terra ferma è pietra viva, di sorte che da quella parte non ha più di una entrata; e sopra questa montagna dove è la città vi sono molti castelli piccoli, che dal mare paiono molto belli. Dentro la qual città non è acqua alcuna, e fuora della porta verso la terra ferma ha una casa, dove per condotti fanno venir l'acqua da un'altra montagna alquanto lontana da lì [Ramusio, 1979, II, p. 561].

Sulla base delle indicazioni fornite e secondo una sequenza che si snoda da Ponente verso Levante i principali anelli del circuito mercantile risultano essere: Gidda, il Corno d'Africa col relativo retroterra somalo-etiopico, Hormuz, il Golfo di Khambhat, la costa del Malabar, il Golfo del Bengala, l'isola di Sumatra e infine Malacca. Il testo li enumera in ordine sparso:

> Vi vengono molte navi grandi e piccole da diverse parti, cioè dal Zidem, d'onde portano lì molto rame, argento vivo, cinaprio, corallo,

panni di lana e di seta; e di ritorno di qui portano spezie e droghe, panni di bambagio e altre cose di Cambaia. Ancora arrivano quivi molte navi di Zeila e Barbora con vettovaglie e altre mercanzie, e cavano di lì panni di Cambaia, le pietre corniole, e paternostri piccoli e grandi. Ora ogni mercatante che traffica in Arabia Felice e nella terra del Prete Ianni medesimamente capita quivi, e vi vengon le navi della città di Ormuz a trafficare, e similmente di Cambaia, d'onde portano molti panni di bambagio, spezie e droghe, gioie e perle, corniole, bambagio filato e da filare; e di quivi cavano robbia, amfian, uve passe, rame, argento vivo, cinaprio e acque rose che ivi si fanno, e panni di lana, sete e panni dipinti di Mecca, e oro in pezzi e fatto in moneta e filato, e ciambelotti: le qual navi di Cambaia sono tante e tanto grandi e con tanta mercanzia, che è cosa da non poter credere nè pensare la gran copia di panni e bambagio che portano. E ancora a questo porto di Adem vengono molte navi di Chaul e Dabul e Baticala e del paese di Calicut, le quali solevano venir quivi con le dette mercanzie, e anco con gran quantità di riso e di zucchero e di cose che nascono sopra le palme, che sono come avellane nel sapore, e della scorza fanno vasi per bevere. Vengonvi anche le navi di Bengala e Sumatra e Malacha, le quali portano molte specie e droghe e sete, benzuin, lacca, sandoli, corniole, riobarbaro, muschio, e molti panni di bambagio di Bengala e di Mangalor, di sorte che è terra di maggior traffico che nel mondo possa essere, e di più ricche mercanzie [*ibidem*, pp. 561-562].

Gli avvicendamenti storico-politici successivi porteranno alla radicale affermazione nel settore della potenza britannica, accompagnata da una salda ed efficiente articolazione dello spazio coloniale. In parallelo alla strutturazione e rafforzamento della base navale, una politica edilizio-costruttiva vigorosa plasma l'evoluzione urbana del centro di Aden, trasformando completamente il volto del semplice villaggio di pescatori che era attestato agli inizi dell'Ottocento.

Il movimento marittimo della seconda metà del secolo proiettato sulla rotta delle Indie vede la competizione fra navi a vapore e vascelli equipaggiati solo con vele, mentre l'apertura del Canale di Suez comporterà per Aden una pesante sfida da raccogliere di fronte ai nuovi soggetti economico-territoriali che si pongono in concorrenza. Risulta infatti che i flussi navali di percorrenza e in uscita dal Mar Rosso possono ora scegliere fra altri due scali alternativi: l'isola di Perim, allo stesso interno dello Stretto di Bab al Mandab, e il porto francese di Gibuti, non inferiore sul piano dei vantaggi offerti dalla posizione. L'esordio, comunque, dell'ultima decade dell'Ottocento, l'intensificato passaggio delle unità e le aumentate dimensioni e capacità di carico delle stesse finiscono col rendere non più procrastinabili i lavori di dragaggio all'interno della rada portuale, divenuta inadeguata di fronte alle rinnovate esigenze del traffico internazionale. Protratte per dieci anni, le opere di adeguamento rimetteranno lo scalo in grado di accogliere le più grandi fra le navi all'epoca in circolazione (GAVIN, 1961-1962, p. 37).

Una congerie di fattori resta alla base della forza e del successo del caposaldo di Aden. Le risorse del settore sono costituite principalmente dai vantaggi della collocazione strategica, prossima allo Stretto, e dalle riserve idriche dei pozzi disposti attorno al porto ed essenziali per garantire la continuità dei rifornimenti d'acqua alle unità navali di vario impiego. Anche dal punto di vista militare la postazione si rivela favorita grazie a una strutturazione politico-territoriale che gravita necessariamente sulla piazzaforte costiera, assurta al rango di colonia britannica e protetta dalla fascia cuscinetto degli sceiccati locali inseriti nel protettorato. L'organizzazione funzionale dello spazio coloniale britannico si dispiega quindi in una serie di nuclei articolati a scala urbana in rapporto a un quadro geomorfologico che presenta ulteriori motivi favorevoli al dispositivo defensionale, dominato com'è dalla mole dell'antico vulcano unito alla terraferma attraverso una striscia di terra e sabbia lunga più di sei chilometri, cui si affianca il nucleo storico dell'Isola degli Schiavi. Fra i centri logistici nevralgici vengono a primeggiare le installazioni portuali e le stazioni di controllo della base navale, rivolte, chiaro accorgimento di natura protettiva, verso l'interno della baia di Aden; del resto anche il precedente commercio degli schiavi aveva prescelto come struttura d'appoggio e smistamento proprio l'affioramento situato nel punto più interno della rada. Seguono i gangli di governo dell'apparato amministrativo, distribuiti in rapporto alle esigenze di collegamento territoriale e di natura protettiva: gli uffici della Colonia, la sede della polizia e l'ospedale militare piazzati nell'entroterra, mentre la residenza del governatore si addossa a una zona di controllo armato, insieme con i grandi stabilimenti delle compagnie commerciali e le numerose rappresentanze diplomatiche. Prima del secondo conflitto mondiale appare attestata *in loco* anche la presenza italiana, incentrata sulla Casa del Fascio e sulla sede consolare. Le aree di pertinenza militare assumono particolare rilievo e ricorrenza spaziale: la principale si stende lungo la striscia di collegamento con la terraferma, a difesa degli accessi terrestri al porto e alla base navale, mentre un'altra protegge banchine e pontili. Fanno seguito le attività produttive, le saline e una distilleria, affacciate su un angolo interno della baia di fronte al quartiere etnico di Somalipura, incastonato sulle falde settentrionali del cono vulcanico e controllato fra la zona militare più estesa e la base navale[11].

L'epilogo del secondo conflitto mondiale avvia una nuova fase storica che conduce nel corso degli anni Sessanta al ritiro inglese dalla regione e all'abbandono del trafficato scalo. Prima che si produca l'evento, l'attività in rada continua a mantenersi intensa e diversificata. L'avvicendamento delle unità in transito infatti comprende carghi mercantili, navi da guerra della base, imbarcazioni in servizio per la sede del governatorato e infine le tipiche imbarcazioni locali di legname, i *dhows* della carpenteria nautica attivata secondo la tradizione arabica. Il valore dell'interscambio commerciale in lire sterline registrato per i dodici mesi del 1960 vedeva un prevalere delle importazioni (76.580.601 lire sterline) sulle esportazioni pari a un valore di 60.032.136 (GAVIN, 1961-62, p. 82).

L'ultimo scorcio del Novecento (fig. 3) vede Aden inserirsi nel novero degli scali del Levante attestati lungo il fascio di rotte mediterraneo-indiano e tenuti ad affrontare la moderna sfida posta sul tappeto dai radicali mutamenti intercorsi sul fronte del trasporto marittimo. Questi sostanzialmente si riconducono a due aspetti basilari, quali l'adozione dei carichi modulari e l'instaurarsi del nuovo ruolo funzionale comparso con gli scali di trasbordo carichi (*transhipment* in inglese; *transbordement* in francese). Anche Aden si vede nella necessità dei nuovi e costosi adeguamenti funzionali, sia per poter far fronte ai retroterra arabici e del Corno d'Africa, sia per poter continuare a sostenere la sua posizione lungo le direttrici di traffico inter-

---

[11] Si veda la carta *Aden. Scala 1:175.600* che la *Guida dell'Africa Orientale Italiana* (1938, p. 131) inserisce nella descrizione delle località allineate lungo la rotta tra l'Italia e i suoi lontani domini affacciati al Mar Rosso.

FIGURA 3
ADEN, PANORAMICA SULLE AREE URBANE E PORTUALI DI MA'ALLA
(Ripresa: Agosto 1997)

nazionali (LAVERGNE, 1997, p. 81-86). La transizione epocale di fine secolo-millennio arriva a far registrare nello scalo yemenita un movimento marittimo di 1.748 unità riferite all'anno 2000. Il traffico commerciale tocca le 10.194.306 tonnellate movimentate, ripartite fra rinfuse secche e liquide, rifornimenti, combustibili e acqua per le dotazioni logistiche e di vettovagliamento delle imbarcazioni di passaggio, a conferma del ruolo storico di scalo di appoggio per le unità impegnate nelle lunghe rotte della navigazione nell'Oceano Indiano. Le voci merceologiche abbracciano una varietà di generi dalle granaglie, legnami, cementi, acciaio e automezzi sul fronte delle importazioni, al sale, caffè, cotone e prodotti ittici nel novero delle esportazioni [12].

---

[12] *The Aden Port Statistics*, dipanate sul periodo più recente dal 1995 al 2003 vengono fornite dal sito della rete informatica *www.portofaden.com* curato dalle autorità portuali competenti *in loco*.

I recenti sviluppi infrastrutturali hanno visto la fondazione dell'Aden Container Terminal, divenuto operativo nel 1999 nell'ambito di una politica governativa di apertura che mira a fare dello scalo lo «Yemen's Gateway to the World», con potenzialità di rilievo. Un ruolo significativo nell'operazione è stato disimpegnato dall'Autorità Portuale di Singapore, intervenuta con la visione progettuale di fare di Aden il più grande porto del Medio Oriente specializzato nelle operazioni di trasbordo-raccordo-smistamento [13]. Le prospettive future sul fronte del *transhipment* appaiono quindi solidamente ancorate e l'alleanza societaria con Singapore appare di portata veramente strategica, se viene proiettata sullo sfondo delle rotte internazionali passate e moderne. In una tale congiuntura non è possibile infatti non tenere conto del ruolo storico disimpegnato dai due corridoi di Malacca e Bab al Mandab (su cui i due scali gravitano), destinati a rivestire rilevanza sempre maggiore quali canali privilegiati del traffico marittimo a scala globale intercontinentale.

Il regime legale dello Stretto e gli spazi marini disputati: le Hanish-Zuqur

L'angusto braccio di mare è stato riconosciuto nel corso della seconda metà del Novecento quale stretto internazionale sulla base di due criteri di matrice geografica: collega fra di loro due sezioni di «alto mare», l'Oceano Indiano e il Mar Rosso rispettivamente da sud e da nord; crea uno sbocco per le acque territoriali di Stati non direttamente affacciati al corridoio di transito e disposti lungo la stesura costiera dell'antico Mare Eritreo. In scansione ordinata verso mezzogiorno questi risultavano essere, alla conclusione del secondo millennio: Egitto, Israele, Giordania, Arabia Saudita, Sudan.

La comprovata rilevanza del passaggio in rapporto al traffico marittimo internazionale si evidenzia nell'intensità dei flussi mercantili che attraversano lo Stretto sia diretti che provenienti dal Canale di Suez, e che vanno sommati a quelli destinati a raggiunge-

---

[13] Si veda in merito *InforMare* (il quotidiano diffuso nella rete telematica e rivolto agli operatori e utenti del trasporto), 8 gennaio 2003, pagina delle *Notizie*, disponibile al sito *www.informare.it*.

re gli scali operativi del Mar Rosso e i corrispondenti retroterra continentali[14].

Agli inizi degli anni Settanta, la Repubblica Democratica Popolare dello Yemen asseriva la propria sfera di sovranità sul vitale corridoio marittimo. Al contempo garantiva il diritto di passaggio ai vettori del naviglio internazionale, ma introduceva una netta distinzione riguardante la tipologia delle imbarcazioni sulla base dell'individuazione di due categorie: vascelli commerciali; mezzi militari. In conformità, il diritto di transito innocente (rapido, ininterrotto e inoffensivo) veniva riservato alla prima classe navale, mentre per le unità in assetto da guerra veniva configurato l'obbligo della previa autorizzazione dello Stato costiero e del rispetto della legislazione vigente dallo stesso emanata (LAPIDOTH-ESCHELBACHER, 1982, pp. 148-149). Nelle successive dichiarazioni rilasciate nel corso del 1978 con riferimento al diritto di navigazione e sorvolo aereo, lo Yemen del Sud di allora assumeva una presa di posizione più aperta che al tempo stesso sottolineava tutto il carattere nodale e strategico rivestito dalla via d'acqua nel contesto dei flussi della rete mercantile mondiale[15].

In seguito alle vicende storiche che modificavano l'assetto geopolitico del settore, una disputa marittimo-territoriale in grado di coinvolgere la sicurezza della navigazione nello Stretto veniva successivamente a insorgere fra lo Yemen riunificato e la Repubblica di

---

[14] L'articolazione fisico-oceanografica, il regime legale, le condizioni geopolitiche interessanti la via d'acqua del Mar Rosso, unitamente a un sintetico quadro di ricostruzione delle principali vicende che hanno presieduto alla parabola storica del Canale di Suez, sono passati in rassegna in LAPIDOTH-ESCHELBACHER (1982). Per un inquadramento cronologico protratto sino all'anno 2002 si veda KARABELL (2003, pp. 260-271).

[15] «Being well aware of the great importance of the Strait of Bab al-Mandeb to all peoples and States of the world as a international waterway which has long been used for international navigation, and of its important strategic location as a link between the international traffic lines, and believing in the importance of keeping international navigation through this vital strait free for the benefit of the peoples and States of the area in particular and the international community in general, the Government of the People's Democratic Republic of Yemen confirms its respect for the freedom of maritime and air traffic of ships and aircraft of all coastal and non-coastal States». Per una più ampia esposizione e discussione del testo diplomatico, si veda LAPIDOTH-ESCHELBACHER (1982, p. 149).

Eritrea. I due nuovi soggetti della ribalta internazionale in Medio Oriente scendevano in campo per sostenere rivendicazioni e diritti sulle isole Hanish-Zuqur, localizzate a Nord del critico passaggio. In virtù della loro particolarissima posizione geografica, nelle immediate vicinanze dell'imboccatura di Bab al Mandab, il raggruppamento insulare viene ad assumere un ruolo di tutto rilievo per quanto concerne la vigilanza sul traffico marittimo oceanico e il controllo effettivo della via d'acqua.

Dal punto di vista fisico, focalizzato sulla genesi delle formazioni rocciose impiantate sul fondale marino ed emergenti al di sopra della superficie, va subito osservato come l'articolazione dell'arcipelago raccolga una molteplicità di motivi morfologici legati ai due differenziati meccanismi costruttivi delle attività endogene ed esogene. Infatti se l'origine prima delle isole si ricollega alla costituzione vulcanica legata ai fenomeni di espansione del fondale del Mar Rosso e alla separazione delle placche continentali: africana e arabica (DEGENS e ROSS, 1974, p. 93), l'attività organogena dei corallari ha determinato lo stendimento di vaste formazioni calcaree madreporiche impiantate sui basamenti effusivi. La catena degli affioramenti raggruppa in tal modo isole, isolotti e isole satelliti in primo luogo; fa poi seguito tutto un corteo di pinnacoli, faraglioni, scogli, emersioni di bassa marea, secche e bassi fondali.

La denominazione ampia di arcipelago Hanish-Zuqur si riferisce quindi in realtà a un complesso molto variegato di lembi di terra sparsi nel Mar Rosso meridionale in corrispondenza del progressivo restringimento dello spazio compreso fra i due opposti profili litorali dell'Africa e della Penisola Arabica (CIAMPI, 1998, p. 314). La rassegna espositiva, di rilevanza sia geografica sia giuridico-politica in rapporto a quei processi di confinazione che hanno suddiviso il braccio di mare in questione a esaurimento della vertenza, procede da nord verso sud e comprende: l'isola di Jabal al-Tayr col vicino gruppo delle Zubayr; l'isola di Zuqur; l'isola di Hanish as Sughra (Piccola Hanish); l'isola di Hanish al Kubra (Grande Hanish); il piccolo lembo delle South West Rocks; l'allineamento delle minuscole Haycocks; la disseminazione delle isole Mohabbakah.

Le due parti in causa affacciate al Mar Rosso pervengono al litigio confinario, impiantato sull'insieme degli affioramenti e delle corrispondenti dipendenze marine, in seguito a un travagliato percorso storico-politico di affermazione delle rispettive identità nazionali, motivo per il quale la stessa controversia è divenuta utile puntello per il rafforzamento dei propri meccanismi di autopoiesi politico-istituzionale. In particolare, nel corso degli anni più recenti, l'Eritrea ha subito il travaglio di una lunga lotta per la conquista dell'indipendenza, mentre lo Yemen ha vissuto il dramma della guerra civile, sfociata, come già introdotto, nella riunificazione del paese.

L'anamnesi storica del confronto abbraccia un intervallo temporale esteso per quattro anni, dal 1995 al 1998, e inizia con una serie di incidenti destinati a sfociare nello sviluppo di episodi cruenti. Il mese di luglio del 1995 vede l'organizzazione yemenita impegnata ad Hanish al Kubra (Grande Hanish) nella costruzione di una infrastruttura turistica sotto la protezione di un distaccamento di truppa. A novembre forze eritree si avvicinano per intimare agli yemeniti l'arresto delle operazioni in corso e l'evacuazione dell'isola. Fra il 15 e il 17 dicembre dello stesso semestre un rastrellamento eritreo sull'isola della Grande Hanish provoca un numero imprecisato di vittime, cui si accompagna la deportazione di 195 persone fra civili e militari yemeniti della guarnigione. Tradotti all'Asmara, i prigionieri verranno liberati poco dopo (LAVERGNE, 1997, p. 71).

Tali eventi non mancano di creare preoccupazioni a livello internazionale, per la minaccia arrecata alla sicurezza della linea di traffico marittimo di così vitale rilievo per gli interessi economici e i rifornimenti energetici dell'Europa. L'iniziativa diplomatica delle cancellerie interessate non tarda ad attivarsi e a produrre effetti sul percorso della conciliazione fra le due controparti. Un *Agreement on Principles* viene stipulato a Parigi il 21 maggio 1996, firmato da Eritrea e Yemen e controfirmato dai governi di Francia, della Repubblica Federale Democratica d'Etiopia e della Repubblica Araba d'Egitto. L'intesa viene immediatamente perfezionata con l'*Arbitration Agreement* del 3 ottobre 1996, a scandire le tappe del processo di risoluzione della controversia. Già nel primo accordo restava stabilito il principio in base al quale la questione sarebbe stata rimessa all'autorità di un tribunale internazionale incaricato di trovare la risoluzione dei problemi posti sul tappeto nell'ambito degli spazi marini contesi; successivamente, nel secondo accordo, all'articolo 2, si precisava come tale organismo all'uopo insediato avrebbe condotto le sue operazioni decisionali in due fasi. La prima avrebbe riguardato le attribuzioni di sovranità territoriale con la definizione delle rispettive sfere giurisdizionali in corrispondenza dell'arcipelago disputato; la seconda, da condursi sulla base di quanto precedentemente deliberato, si sarebbe dedicata alla delimitazione della frontiera marittima fra le due parti in causa [16].

L'insediamento del Tribunale internazionale d'arbitrato si produsse il 14 gennaio 1997, data alla quale ebbe luogo la prima seduta. All'avvio del primo passaggio previsto dal procedimento, la corte prendeva in esame le prove attestanti l'esercizio effettivo della sovranità attraverso l'esibizione delle funzioni di Stato. Nella considerazione del carattere inospitale del quadro morfologico-ambientale riferito al teatro della disputa (*The Eritrea-Yemen Arbitration. Phase I...*, 1998, capo VII, articolo 239 e della mancanza di un popolamento umano permanentemente attestato e storicamente definibile al di là di una saltuaria frequentazione legata alle attività della pesca tradizionale (*ibidem*, capo VII, articolo 353), la casistica tipologica delle manifestazioni intenzionali di autorità e potere risulta quindi ridotta a una serie limitata, ma non del tutto priva di articolazioni, di atti di governo, amministrazione e controllo. Fra quelli investiti di maggior rilevanza ai fini delle scelte decisionali vanno annnoverati: ricognizioni e pattugliamenti navali e aeronavali; sorveglianza militare con erezione di postazioni di vigilanza; regolamentazione della pesca (*ibidem*, capo VII, articolo 324); sequestro di vascelli abusivi con arresto dell'equipaggio, applicazione di sanzioni, comminazione di multe e avvio del procedimento di espulsione (*ibidem*, capo VII, articolo 316);

---

[16] In merito all'avvio della procedura d'arbitrato, alla rassegna degli argomenti delle controparti e alle decisioni finali della corte nel contesto della prima fase, si veda *The Eritrea-Yemen Arbitration. Phase I: Territorial Sovereignty and Scope of Dispute. Award*, Londra, 9 ottobre1998, a firma di *sir* Robert Y. Jennings (presidente del tribunale) e P.J.H. Jonkman (segretario). In particolare per l'impostazione del meccanismo procedurale si veda il capo I, articolo 7, comma 2: «The first stage shall result in an award on territorial sovereignity and on the definition of the scope of the dispute between Eritrea and Yemen»; e comma 3: «The second stage shall result in an award delimiting maritime boundaries», sulla base della «United Nations Convention on the Law of the Sea, and any other pertinent factor».

rilascio di concessioni petrolifere, licenze e permessi di vario genere; installazione di cippi geodetici; costruzione e manutenzione di fari di appoggio per la navigazione marittima; applicazione della legislazione civile e penale agli accadimenti intercorsi nell'ambito insulare. Venivano invece ritenuti di natura strettamente privata e non pertinenti all'esplicazione di funzioni governative ufficiali gli atti di culto e di cura riservati a luoghi rivestiti di valenza sacrale (*ibidem*, capo VII, articolo 330). Con riferimento alla gestione degli apparati di segnalazione luminosa, avanzata quale argomento dalle due parti in causa, espressioni ambigue risultavano investire la «Lighthouse history» (*ibidem*, capo X, articolo 492) in rapporto al tema centrale dell'acquisizione di sovranità. Pur nel ribadire il carattere *neutrale* dell'attività in questione, non era possibile evitare di riconoscere come installazioni fondate con carattere di permanenza costituissero la prova lampante di una autorevole presenza attestata sul territorio.

Non venivano quindi a mancare alla corte gli elementi su cui fondare il proprio dispositivo decisionale, riconoscendo il ruolo disimpegnato da ciascuno dei due soggetti coinvolti dalla definizione e affermazione della propria sfera d'autorità. In base alla prima sentenza, emessa a Londra il 9 ottobre 1998, veniva effettuata una serie di assegnazioni territoriali all'Eritrea con le seguenti motivazioni: evidente localizzazione all'interno delle acque territoriali (il gruppo delle Mohabbakah); «prossimità» alla costa eritrea e considerazioni storiche relative alla prolungata dipendenza dalla sfera di autorità promanante dalla costa africana nell'ambito della dominazione imperiale ottomana (l'allineamento delle Haycock Islands); collocazione all'estremo limite orientale dell'ambito giurisdizionale precedentemente definito (il ridotto lembo di terra delle South West Rocks). Sotto sovranità yemenita venivano invece inquadrate, in base a diverse ragioni connesse con l'esercizio effettivo di sovranità e le manifestazioni intenzionali di autorità e potere articolate in atti ufficiali di vario genere: «the islands, islet, rocks, and low-tide elevations of the Zuqar-Hanish group», dove giocava un ruolo determinante tutto il complesso di attività comunque condotte e documentate dal governo yemenita nell'esercizio delle sue prerogative e funzioni; l'isola di Jabal al-Tayr, assegnata in base a rilevanti ragioni storiche, legali e fattuali comprendenti ancora una volta l'impegno nelle attività di supporto della navigazione marittima; «the islands islets, rocks and low-tide elevations forming the Zubayr group, including but not limited to, Quoin Island (15° 12'N, 42°03'E)» e tutta una diaspora di altri lembi di terra disseminati nelle vicinanze (*ibidem*, capo XI, articolo 527), per ragioni analoghe a quelle addotte nel caso dell'isola precedente.

Nell'ambito dello stesso complesso decisionale veniva altresì riconosciuta l'esistenza di un regime di pesca tradizionale coinvolgente pescatori artigianali di entrambe le sponde e nazionalità (*ibidem*, capo X, articoli 525 e 526). Sulla base di quanto disposto, restava l'obbligo per lo Yemen (pur nell'esercizio della sua sovranità sulle isole e sulle acque territoriali) di rispettare il mantenimento delle secolari attività di sussistenza nello sfruttamento delle risorse ittiche pertinenti agli spazi marini in oggetto.

Nella seconda sentenza venivano individuate le localizzazioni delle aree di pesca [17] interessanti in pratica tutte le isole citate nella fase precedente, mentre un altro passaggio si incaricava di definire con maggior precisione l'insieme delle attività configuranti il regime stesso in modo tale da escludere qualsivoglia espressione economica di tipo industriale (*The Eritrea-Yemen Arbitration. Phase II...*, 1999, capo II, articoli 56, 57; capo IV, articolo 106). Accanto alla pesca condotta con mezzi artigianali, viene considerata anche la raccolta di conchiglie e perle attraverso il metodo delle immersioni sul fondo, mentre, sempre sotto la stessa egida, vanno incluse l'occupazione temporanea di spazi necessari per l'essiccazione del pescato, la riparazione delle imbarcazioni e infine la ricerca di un rifugio in caso di fortunali (*ibidem*, capo IV, articolo 103).

Quello che emerge con chiarezza è il dato, di forte novità e rilevanza sotto il profilo giuridico internazionale, che le aree in questione inglobano zone portuali dei due paesi, acque territoriali e ambiti estesi al di là delle stesse. In questa inedita circoscrizione spaziale venivano previste tre forme di diritto strettamente associate: il libero passag-

---

[17] Le questioni economiche generali delle attività di pesca e della ricerca di idrocarburi nel Mar Rosso, nonché le decisioni della corte riguardanti la delimitazione del confine marittimo internazionale fra Eritrea e Yemen, vengono impostate in *The Eritrea-Yemen Arbitration. Phase II: Maritime Delimitation. Award*, Londra, 17 dicembre 1999, a firma di *sir* R.Y. Jennings (presidente del tribunale) e T. van den Hout (segretario).

gio attraverso la sfera di sovranità della controparte; il libero accesso alle aree di disponibilità delle risorse; il libero ingresso nei porti dell'altra costa per praticare la vendita del pesce nei mercati locali.

L'elenco dei porti coinvolti è ripreso da un *memorandum* d'intesa firmato dalle parti nel 1994: Maydi, Khoba, Hodeidah, Khokha e Mocha sulla cimosa litorale della Tihama yemenita; Assab, Tio, Dahlak e Massaua sulla fascia costiera eritrea. Appare quindi in tutta la sua evidenza il principio per cui le reali natura e portata del regime di pesca tradizionale siano tali da prescindere sia dalle precedenti risoluzioni in tema di sovranità territoriale, sia dall'andamento della linea del confine marittimo internazionale (*ibidem*, capo IV, articolo 110). Prima ancora di pronunciarsi su quest'ultima delicata questione, il tribunale ha inteso quindi introdurre una inedita e originale configurazione giuridico-normativa, che si colloca al di là della Convenzione delle Nazioni Unite sul Diritto del Mare e pertanto arricchisce quanto già previsto dalla legislazione internazionale.

Ragioni di carattere squisitamente socio-etnografico e storico-culturale stanno alla base della posizione sostenuta dalla corte. Due risultano essere in merito le istanze di fondo: in primo luogo il riconoscimento e la valorizzazione delle attività di sussistenza cui si affidano le popolazioni rivierasche di opposta nazionalità; successivamente l'apprezzamento del ruolo secolare consolidato di ponte economico, migratorio e culturale esercitato dagli spazi marini del Mar Rosso fra i due continenti asiatico e africano. Si tratta in definitiva di un enunciato che intende muoversi nella prospettiva di un rafforzamento dei legami di solidarietà e cooperazione fra le due nazioni, mentre in una accezione più generale viene fornito l'esempio di come la risoluzione di una controversia politica possa costituire l'occasione per un generale miglioramento delle relazioni internazionali.

Anche la definizione del confine marittimo internazionale vedeva comunque la presentazione di istanze differenziate da parte dei due soggetti in causa. Entrambe le parti, ascoltate preventivamente dalla corte per porre a confronto le rispettive proposte di risoluzione, dimostrarono di volersi ricondurre al principio della «median international boundary line», anche se poi le due posizioni risultarono notevolmente divergenti (*ibidem*, capo I, articolo 11) per non voler porre in considerazione gli ambiti di sovranità della controparte negli spazi insulari di recente attribuzione al centro del Mar Rosso.

La posizione yemenita riconosceva alla controparte due zone di acque interne riferite all'arcipelago delle isole Dahlak verso nord e alla Baia di Assab ormai in prossimità dello Stretto di Bab al Mandab. La linea proposta comprendeva poi tre sezioni: quella più a nord, tesa a collocare la linea mediana fra la costa continentale africana e l'allineamento stabilito dalle isole Zubayr con l'isolata Jabal al Tayr. Verso il centro la linea si piazzava a metà fra la costa eritrea e le isole Hanish, ignorando del tutto i diritti sovrani acquisiti dall'Eritrea sulle tre isole Haycocks e sulle South West Rocks. In questo modo tali affioramenti sarebbero venuti a costituire due ridotte enclavi entro l'estendersi delle acque territoriali yemenite, praticamente lembi di terra da considerare come nulla più di semplici «navigational hazards» (*ibidem*, capo I, articolo 17). Più a sud, infine, la linea mediana sarebbe venuta a ricadere in una posizione centrale rispetto le due coste continentali ormai ravvicinate.

Dal canto suo la tesi eritrea si sviluppava ignorando la sovranità yemenità acquisita sulle Hanish-Zuqur e introducendo una nuova forma di ripartizione degli spazi marini, le «shared maritime zones around the islands» (*ibidem*, capo I, articolo 27), dove applicare il regime di pesca tradizionale già definito, approvato e raccomandato nella precedente sentenza. Con riferimento all'andamento della linea confinaria, questa si portava fra le coste continentali rispettivamente africana e arabica, in modo tale da interferire pesantemente con le acque territoriali pertinenti alle isole Hanish in modo particolare.

In realtà non era possibile ignorare che le attribuzioni di sovranità effettuate al centro del Mar Rosso fra 13° 30' e 13° 50' N configuravano uno spazio marino di addensamento e intersezione delle sfere di rispettiva competenza territoriale. Emergeva quindi in tutta la sua gravità il nodo geopolitico legato alla scarsa ampiezza del passaggio di mare compreso fra la Grande Hanish, con tutta la galassia circostante di isolotti, da una parte e i possedimenti eritrei delle Haycocks e South West Rocks dall'altra; e si trattava di una situazione fisica comportante necessariamente la sovrapposizione delle acque territoriali dei due paesi.

Dopo approfondito dibattito, il 17 dicembre 1999 la corte perviene all'emissione della seconda e definitiva sentenza (*ibidem*, capo VI, articolo 169). Tenuto conto della complessità della situazione venutasi a creare, e sulla base del rispetto del diritto del mare, la linea del confine marittimo internazionale viene a essere strutturata come una spezzata suddivisa in tre sezioni da nord-ovest verso sud-est. Queste risultano caratterizzate da una diversa tipologia di aspetti rilevanti sotto il profilo geopolitico: sezione settentrionale (punti base 1-13, da 15° 43'10" a 14° 08'39" N), posta in condizioni di «mare aperto; sezione centrale (punti base 13-20, da 14° 08'39" a 13° 26' 39" N), riferita alla zona di disseminazione insulare; sezione meridionale (punti base 20-29, da 13° 26'39" a 12° 54'23" N), fino all'imboccatura dello Stretto di Bab al Mandab.

Nella sezione settentrionale il tribunale ha inteso procedere in base alle seguenti definizioni: la linea di base eritrea, che parte dal lembo più «esterno» del raggruppamento delle Dahlak, vale a dire dalla linea di bassa marea delle isole proiettate verso il mare aperto; la linea di base yemenita, appoggiata agli isolotti collocati immediatamente a ovest del promontorio di Ras Isa e dell'isola di Kamaran. Gli affioramenti sparsi corrispondenti alle Zubayr e all'isolata Jabal al Tayr invece non vengono ritenuti parte della costa yemenita in virtù della loro posizione geografica d'alto mare, e pertanto restano senza alcuna influenza in rapporto allo sviluppo della confinazione. Considerazioni sull'evoluzione geologica delle isole, riferite alla dorsale sottomarina del Mar Rosso (DEGENS e ROSS, 1974, p. 83) di cui costituiscono elevazioni affioranti, evidenziano la genesi «intraoceanica» delle stesse e la loro estraneità alle unità morfostrutturali della costa, confermando l'evidenza geografica basata sulla semplice distanza.

La frontiera marittima viene pertanto portata a coincidere con la linea mediana fra le due opposte coste continentali (africana e arabica rispettivamente per Eritrea e Yemen) in corrispondenza delle quali il tribunale ha deciso di stendere i punti cardine delle rispettive linee base (*The Eritrea - Yemen Arbitration. Phase II...*, 1999, capo V, articoli 146 e 150).

Con riferimento al braccio di mare interessato dalla sezione centrale, la posizione ravvicinata di isole di diversa sovranità introduce motivi di ulteriore complicanza per la stesura del confine marittimo, che non può più essere tracciato in base alla linea mediana fra le coste continentali. Infatti, fra il raggruppamento di isole circostante la Grande Hanish (sotto sovranità yemenita) e gli affioramenti-isolotti delle South West Rocks e delle tre Haycocks (di sovranità eritrea), si verifica la sovrapposizione delle rispettive fasce di acque territoriali generate dalle elevazioni in questione in base al diritto del mare. L'analisi della cartografia nautica [18] è esplicita a tal riguardo. Otto chilometri appena separano Grande Hanish da South West Rocks; dodici chilometri si frappongono fra Suyul Hanish (yemenita) e North East Haycock (eritrea). In questo caso il tribunale ha inteso adottare la soluzione più equa possibile, utilizzando la linea mediana riscontrabile nella zona di sovrapposizione delle acque territoriali generate dalle isole prospicienti di diversa sovranità (*ibidem*, capo V, articolo 159), in pratica una spezzata che corre in modo equidistante dalle coste insulari a confronto.

Nella sezione meridionale le acque si fanno nuovamente libere da affioramenti di terra, anche se ormai si afferma il progressivo restringimento dell'ampiezza del mare in seguito alla convergnza delle due coste contrapposte. Sulla base di tali vincoli, comunque, la linea di confine può riportarsi ai criteri cui si era già conformata nella prima sezione. Il punto 21 della spezzata costituisce infatti «the intersection of the extended overlapping territorial seas median line and the coastal median line» (*ibidem*, capo V, articolo 163). La linea mediana fra i litorali africani e arabici prosegue poi in direzione sud-est fino al punto base 29, dove si arresta prima dell'ingresso nello Stretto di Bab al Mandab.

La corte ha inteso prolungare e poi arrestare la confinazione in modo tale da evitare interferenze con le sfere di giurisdizione di Stati terzi; conseguentemente i punti terminali 1 e 29 con le coordinate indicate (fig. 4; tabella 1) sono stati scelti «well short of where the boundary line might be disputed by any third State» (*ibidem*, capo V, articolo 164). Nel caso in questione il riferimento diretto riguardava, a settentrione del punto 1, l'Arabia Saudita; a meridione del punto 29, la Repubblica di Gibuti direttamente affacciata sullo strategico braccio di mare.

La conclusione della vertenza giungeva quindi in modo opportuno a introdurre una nota risolutoria e soddisfacente in merito ai due

---

[18] L'articolazione fisica dell'arcipelago, l'andamento dei fondali marini e la morfologia di dettaglio delle singole isole è riscontrabile nella documentazione nautica esibita in MORRIS (a cura di), *Jabal Zuqar Island to Muhabbaka Islands. 1:100.000*, Taunton (GB), 1999.

FIGURA 4
IL CONFINE MARITTIMO INTERNAZIONALE DISTESO
FRA YEMEN ED ERITREA NEL MAR ROSSO MERIDIONALE

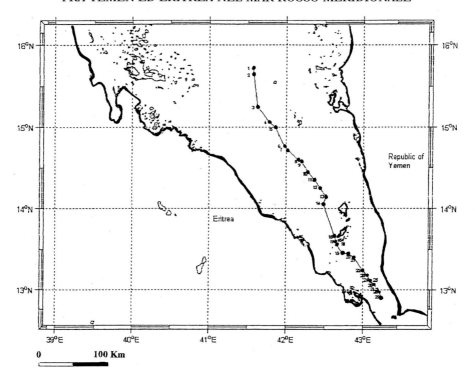

Fonte: *The Eritrea-Yemen Arbitration. Phase II: Maritime Delimitation*, Londra, 1999 (a cura del Tribunale d'Arbitrato).

principali nodi problematici posti sul tappeto. In primo luogo si garantiva un appoggio all'economia di sussistenza delle popolazioni litoranee, il cui genere di vita tradizionale resta fondato sulla pesca artigianale. Di fronte allo scenario geopolitico e mercantile delle rotte marittime mondiali veniva poi rimossa una insidiosa fonte di minaccia per la sicurezza della libera navigazione attraverso il vicino Stretto[19].

---

[19] L'esito finale del contenzioso poneva termine anche a una lunga serie di ricorrenti attribuzioni di pertinenza manifestatesi in sede cartografica. Per una rassegna documentaria abbracciante rappresentazioni di età moderna, coloniale e riferita al secondo dopoguerra, si veda CIAMPI (1998).

TABELLA 1

I PUNTI DI COLLEGAMENTO FRA LE SEZIONI COMPONENTI IL CONFINE MARITTIMO INTERNAZIONALE YEMEN-ERITREA

(Rassegna delle coordinate geografiche: punti da 1 a 29)

Turning Point	Latitude	Longitude
1	15° 43' 10" N	41° 34' 06" E
2	15° 38' 58" N	41° 34' 05" E
3	15° 15' 10" N	41° 37' 31" E
4	15° 04' 00" N	41° 46' 43" E
5	15° 00' 12" N	41° 50' 42" E
6	14° 46' 06" N	41° 58' 47" E
7	14° 43' 30" N	42° 00' 42" E
8	14° 36' 05" N	42° 10' 02" E
9	14° 35' 14" N	42° 11' 35" E
10	14° 27' 16" N	42° 16' 54" E
11	14° 21' 11" N	42° 22' 04" E
12	14° 15' 23" N	42° 26' 09" E
13	14° 08' 39" N	42° 31' 33" E
14	14° 03' 39" N	42° 28' 39" E
15	13° 39' 30" N	42° 37' 39" E
16	13° 36' 13" N	42° 38' 30" E
17	13° 35' 51" N	42° 38' 14" E
18	13° 33' 38" N	42° 39' 37" E
19	13° 27' 28" N	42° 43' 25" E
20	13° 26' 39" N	42° 48' 21" E
21	13° 24' 01" N	42° 52' 47" E
22	13° 14' 23" N	42° 59' 47" E
23	13° 10' 54" N	43° 03' 03" E
24	13° 06' 57" N	43° 05' 21" E
25	13° 06' 08" N	43° 06' 06" E
26	13° 04' 05" N	43° 08' 42" E
27	13° 00' 27" N	43° 10' 54" E
28	12° 58' 10" N	43° 12' 45" E
29	12° 54' 23" N	43° 13' 58" E

Fonte: *The Eritrea-Yemen Arbitration. Phase II: Maritime Delimitation*, Londra, 1999 (a cura del Tribunale d'Arbitrato).

Conclusioni

Le dispute incentrate sul possesso degli spazi marini non hanno però esaurito la gamma dei motivi di crisi che si possono abbattere sulle attività dell'asse di transito.

La guerra scatenata in Iraq nei mesi di marzo-aprile 2003 ha offerto l'innesco perché inediti sviluppi si affacciassero sullo sfondo della rete dei collegamenti mercantili internazionali. La ferrovia transiberiana faceva infatti registrare nell'occasione un aumento improvviso del 270% nella movimentazione dei *containers* trasportati su rotaia verso le destinazioni dell'Occidente europeo, in modo tale da far esplodere la chiara intenzione delle compagnie di trasporto di voler evitare le rotte troppo ravvicinate al teatro di crisi («International Transport Journal», Basilea, 11 aprile 2003, p. 45). Lo storico asse ferroviario veniva così a rivelare evidenti potenzialità quale circuito di traffico alternativo a quello tradizionalmente vincolato al Canale di Suez nel sistema di collegamenti attivato fra Europa, bacino del Mediterraneo ed Estremo Oriente asiatico.

Nuove prospettive di portata strategica si dischiudono quindi sul fronte della possibilità di effettuare sostituzioni economicamente vantaggiose, e non solo di carattere momentaneo-congiunturale, a incrinare gli schemi consolidati del panorama mercantile mondiale. In modo particolare, la rotta che vede nello Stretto di Bab al Mandab un passaggio ineludibile dei traffici Levante-Ponente si ritrova interessata da una pesante vulnerabilità attraverso l'esposizione ai contraccolpi dei motivi di instabilità geopolitica del quadro regionale. I primi a risentirne in termini negativi sono proprio i costi di trasporto vincolati alle condizioni assicurative dei noli marittimi, estremamente sensibili allo scatenarsi di eventi bellici o comunque tali da produrre tensioni e turbative nel contesto dei rapporti internazionali.

LO STRETTO DI HORMUZ

La via marittima del greggio

Compresa fra la Penisola Arabica e l'entroterra iraniano, la cruciale posizione geografica dello Stretto di Hormuz permette la comunicazione diretta fra i due golfi Persico e di Oman, sulla congiungente che dal Medio Oriente con la Mesopotamia si ricollega ai vasti spazi affacciati all'Oceano Indiano. La millenaria vitalità, continuamente riproposta, del ganglio vitale dei flussi mercantili di maggiore rilevanza economica in circolazione fra l'Estremo Oriente e l'Occidente mediterraneo, si evince dall'affermazione di due prolungati cicli di movimentazione strettamente inquadrati nelle periodizzazioni correnti in ambito europeo: il commercio delle sete, degli aromi e delle spezie nell'antichità classica, nel Medio Evo e sino alla grande stagione delle esplorazioni geografiche promosse da Lisbona, Madrid, Londra, Parigi e dai Paesi Bassi; i flussi di importazione degli idrocarburi che, nell'ambito degli sviluppi successivi alla prima Rivoluzione Industriale, procurano nuove fonti energetiche a partire dal Novecento sino ad arrivare agli scenari contemporanei.

Su queste basi storico-geografiche, riconducibili a matrici di grande rilevanza sotto il profilo economico, viene a svilupparsi con gradualità un sistema di organizzazione territoriale incentrato sulla rotta del petrolio e comprendente quale fascio strutturale fondante il complesso delle linee di navigazione e degli scali portuali scaglionati lungo i percorsi di particolare funzionalità. Parallelamente non mancano di affermarsi nuovi equilibri geopolitici che faticosamente emergono dai rapporti di forze fra le sfere di potere entrate in una fase di confronto conflittuale per il controllo dei flussi di ricchezza e degli spazi marini da questi attraversati.

Lo sviluppo storico-territoriale

Lo Stretto di Hormuz si dimostra pienamente connotato sin dall'antichità quale punto di raccordo delle rotte marittime e degli itinerari terrestri di transito distesi fra levante e ponente nelle vastità dei domini euroasiatici.

Già l'impresa di Scilace di Carianda, compiuta fra il 519 e il 512 a.C. a partire dal corso dell'Indo per concludersi in Egitto (PERETTI, 1983, pp. 88-89), aveva consentito di riconoscere i risultati strategici che l'avvio di una rotta può comportare attraverso l'esplorazione di nuovi margini costieri e la costituzione di quei fondamenti conoscitivi e logistici che sono indispensabili come appoggio ai processi di conquista territoriale lanciati verso le regioni interne. Sulla scorta di tali presupposti e più in particolare dei dati raccolti in merito alle regioni collegate al Golfo Persico, il *Periplo* storico dell'ammiraglio greco al servizio di Dario I di Persia risponde a una logica ricognitivo-militare e avrà un esito imperiale nella misura in cui permetterà l'annessione e il controllo di nuove estensioni terracquee rivolte verso la direzione dell'India sulla fronte asiatica meridionale.

Pochi secoli dopo la rotta della flotta macedone nel viaggio di ritorno verso occidente, condotto sotto il comando dell'ammiraglio Nearco, interessa un tragitto similare e passa direttamente attraverso lo Stretto di Hormuz. Nell'undicesimo anno del regno di Alessandro e in un lasso di tempo calcolato attorno alle ottanta giornate di navigazione (DROYSEN, 1988, p. 451) Nearco compie la sua epica traversata condotta dalle foci dell'Indo sino al Golfo Persico e lo Shatt al Arab lungo le coste desertiche di quella che allora veniva chiamata la Gedrosia. L'obiettivo militare del viaggio è quello di condurre in salvo la flotta macedone, impresa che si rivelerà di ardua realizzazione a causa delle difficoltà idrografiche e climatiche connesse alla navigazione. Mentre il soffio violento dei venti dell'Oceano Indiano prolungati sino al mese di settembre costringe a lunghi giorni di attesa al riparo dei promontori rocciosi disponibili, la caratterizzazione desertico-ambientale dei litorali non offre sufficienti risorse di acqua e vettovaglie a sostegno dei rifornimenti. L'unico mezzo di sussistenza lungo le rive desolate della Gedrosia è costituito dalle risorse del mare; non a caso nei pressi di tale sezione rivierasca la percezione comune e la registrazione cartografica porranno le sedi degli *ichtiofagi* e dei *chelonofagi* (PTOLE-

MAEI, 1990, tav. XXI). Al termine di tali peripezie imposte al corso nautico proveniente dall'India e diretto a ponente, l'accesso al Golfo Persico offriva il sollievo di oasi costiere nelle «costas de la Carmania, cubiertas de árboles frutales, de palmares y de viñedos»; ed è proprio nei pressi di *Harmozia* (DROYSEN, 1988, p. 375) che la flotta macedone può finalmente attraccare e porre fine alla fase più delicata del tragitto marino, in attesa di operare il congiungimento tattico con le forze terrestri di Alessandro. Le privazioni e gli ostacoli affrontati dagli equipaggi macedoni mettono in chiaro risalto le abilità marinare che necessariamente dovevano essere esibite nell'antichità da chi intendesse gestire i traffici dei preziosi prodotti provenienti dall'India e da ancora più a levante, per dirigersi in Mesopotamia e di là riversarsi nel Mediterraneo.

Con l'avvento della *Pax* e dell'ordine romano sarà il dispendioso commercio di importazione degli aromi dalle regioni produttrici della Penisola Arabica meridionale a rendere ben nota al mondo mediterraneo la rotta marittima attraverso la quale l'intenso trasporto si dipana; e tale riconoscimento non mancherà di provocare l'avanzamento di mire di conquista dei feraci territori che tanto esborso provocano alle casse dello Stato. In età imperiale la navigazione attiva nell'Oceano Indiano viene presentata al pubblico letterato dal *Periplo del Mare Eritreo*. La descrizione fatta dell'angusto braccio di mare localizzato a Hormuz è dettagliata e del tutto rispondente alla articolazione morfologica dei luoghi, indice di un intenso movimento navale e dello stabilimento di legami mercantili che facevano pervenire sino alle sponde del Mediterraneo le informazioni utili per la valorizzazione in chiave economica e culturale delle linee di collegamento fra i due lontani ambiti di civiltà. La costa fra l'imboccatura del Golfo Persico e l'attuale Oman viene caratterizzata attraverso l'intensità e la varietà dell'interscambio commerciale basato su molteplici e preziose voci merceologiche, l'oro, le perle, l'incenso e la porpora in primo luogo. Ne emerge il quadro di un importante nodo di traffico al quale si ricollegano per un verso le rotte protese a oriente sino in India, dall'altro quelle indirizzate a ponente lungo la stesura delle coste arabiche[1].

---

[1] Sull'andamento dei litorali che conformano la strettoia il testo si esprime con chiarezza: «E dove la terra ferma s'incolfa verso tramontana, presso allo stretto del mar di Persia, vi sono isole alle quali si naviga». La rotta che si dipana: «di mezzo di

La strettoia corrispondente allo storico passaggio e la condizione fortemente rinserrata del Golfo Persico vengono inserite nella vasta e sintetica ricostruzione dell'ecumene operata nel secondo secolo d.C. da Tolomeo (fig. 5). Mentre il braccio di mare indicato quale *angustie sinus persici* si dispone da sud verso nord, due tozzi salienti, *il carpella p(ro)mo(n)t(orium)* e *l'asaboru(?) p(ro)mo(n)t(orium)* lo delimitano rispettivamente da levante e da ponente. Le connotazioni morfologiche vengono poi integrate con riferimenti in chiave etnica. Il popolo degli *ichtiofagi* dimora sulle sponde corrispondenti alla sezione nord occidentale dell'imboccatura della via d'acqua, mentre la riva opposta risulta controllata dal centro di *armusa*, la cui importanza viene sottolineata tramite la simbologia di un cerchio in oro contornato da una fitta puntinatura [2].

Quattro secoli più tardi, nell'anno 635, la regione si riaffaccia con prepotenza alla ribalta della storia ufficiale quando la battaglia di Dibba, combattuta nell'angolo nord-orientale presso il capo affacciato allo Stretto di Hormuz, porta a compimento il processo della unificazione islamica della penisola araba (ROBISON, 1994, p. 293). Sin dal suo consumarsi l'evento è destinato ad assumere rilevanza geografica ed epocale nella misura in cui resta alla base delle ventate offensive dei califfi successori di Maometto e della costituzione di una vasta sfera di conquiste estese dall'Asia alle coste africane del

---

questa bocca è quasi di seicento stadi, dalla quale nei luoghi più adentro si slarga il grandissimo e larghissimo colfo della Persia, appresso il quale nelle ultime parti è un luogo mercatantesco chiamato Apologo, posto poco lontano dal paese di Pasino, appresso il fiume Eufrate». In merito ai generi trafficati si legge che: «si porta in Barigaza e in Arabia molto pinico, cioè perle, ma men buono di quello d'India, e porpora e vestimenti che si usano quivi, e vino, e molte palme, e oro e schiavi». Il trattato in questione (vedasi la prima nota del capitolo precedente), verrà inserito da Giovanni Battista Ramusio nella sua poderosa compilazione con il titolo: *Navigazione del mar Rosso fino alle Indie secondo Arriano* (RAMUSIO, 1979, II, pp. 497-536). Per i passi in questione si veda in particolare pp. 526-527.

[2] L'inquadramento regionale compreso fra l'*ARABIA FELIX* e la *CARMANIA* e la conformazione fisica dello stretto passaggio che collega fra loro il *SINUS PERSICUS* e l'*INDICUM MARE* risultano evidenziati nella sezione cartografica *ASIE TABULA SEXTA* della *Geografia* di Tolomeo, inquadrata entro il Codice V F. 32 (sec. XV) dei manoscritti del fondo latino della Biblioteca Nazionale di Napoli. In merito alla moderna edizione, si veda PTOLEMAEI (1990, tav. XXI).

FIGURA 5
LO STRETTO DI HORMUZ
NELL'*ASIE TABULA SEXTA* (C. PTOLEMAEI)

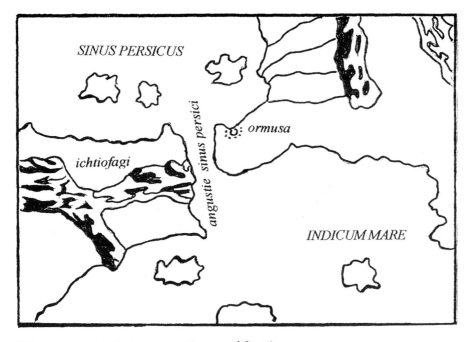

(Disegno e repertorio toponomastico semplificati)

Mediterraneo e alla Penisola Iberica, in modo tale da elevare una minaccia rivolta al cuore stesso della Cristianità.

I successivi rivolgimenti storici e geopolitici di portata continentale e intercontinentale sono connessi all'espansione in Asia dei domini mongolici nel corso del XIII secolo e costituiscono la cornice all'interno della quale si collocano i viaggi della famiglia veneziana dei Polo. Il ruolo emergente detenuto dallo Stretto di Hormuz in qualità di crocevia delle comunicazioni marittime fra ponente e levante, dal Mar Arabico al Golfo del Bengala, viene sottolineato nelle pagine del *Milione*. Il lungo itinerario diretto in Estremo Oriente porta infatti Marco Polo a discendere dall'altopiano iraniano al Golfo Persico, attraversando i Monti Zagros sino a raggiungere la costa in corrispondenza della città di *Cormos*, attracco specializzato nell'interscambio commerciale con l'Oriente. All'occhio esperto del viaggiatore abituato a collocare nei mercati il luogo deputato alle proprie transazioni e attività professionali non sfuggono la mole, la varietà e l'intensità del movimento mercantile che fa capo allo scalo portuale raggiunto come tappa del lungo percorso. In dettaglio vengono quindi descritti i fattori localizzativi che restano alla base della prosperità dell'aggregato urbano insediato sulle rive dello stretto.

In modo particolare sono le lavorazioni produttive e il traffico mercantile gli aspetti che più colpiscono l'attenzione del giovane Marco. Provincia potente, «terra di grande mercatantia», *Cormos*, nonostante le condizioni climatiche affliggenti per la grande calura, si distingue per i commerci di una vasta gamma di prodotti di pregio, fra cui gli aromi e le spezie non mancano di occupare il primo posto, una connotazione da secoli obbligata sulle rotte dell'Oceano Indiano e destinata a rimanere tale ancora per lungo tempo [3]. Anche la tipologia del naviglio rientra nelle note caratterizzanti la località e le vie del mare che vi convergono. E sono proprio le precarie condizioni di sicurezza in cui versano le imbarcazioni della flotta da trasporto che vengono osservate con preoccupazione: «Le loro navi sono cattive e molte ne pericala» a causa della mancanza di forti elementi di saldatura fra le diverse parti costituenti lo scafo, in modo tale che: «è grande pericolo a navicare con quelle navi» (POLO, 1994, p. 51). Nel corso del viaggio di ritorno, condotto via mare nell'Oceano Indiano e lungo

---

[3] Nel capitolo 36, *De la grande china*, in 4-5 è data una circostanziata elencazione dei generi merceologici che passano per l'approdo dello Stretto. La marcia dall'interno della Persia si conclude infatti con l'arrivo sul: «mare Oziano» sulle cui rive «è una città con porto, ch'à nome Cormos, e quivi vegnono d'India per navi tutte ispezzeri'e drappi d'oro e <denti di> leofanti <e> altre mercatantie assai; e quindi le portano li mercatanti per tutto lo mondo». Ancora in 36, 10-11 si osserva come sulle navi «pongono i cavalli che menano in India», un traffico di cui si parla anche in altri passaggi del testo itinerario (191, 5; 192, 7) e che costituisce una nota tipica della regione assieme all'incenso. La località di *Cormos* non costituisce soltanto un attracco portuale, in quanto presenta voci produttive tipiche del quadro locale: «Quivi si fa lo vino di dattari e d'altre ispezie asai» (36,7); «usano per loro santà pesci salati e dattari» (36,8), derivate con tutta evidenza sia dalle risorse locali che dai flussi commerciali, mentre il carattere di città-oasi è sottolineato dalla citazione dell'impiego delle disponibilità idriche (36, 12-13-14) che permettono di affrontare le repulsive condizioni ambientali del deserto costiero (POLO, 1994, pp. 49-51).

le coste meridionali dell'Asia, Marco si ritrova a ripassare dallo stretto, a piena conferma della posizione nodale rivestita dall'emporio di *Curmos* ovvero *Qurmos* in rapporto a tutte le linee di collegamento fra la Penisola Arabica e il subcontinente indiano (*ibidem*, p. 300).

Nel novero dei grandi viaggiatori precedenti alla stagione delle esplorazioni marittime europee si colloca con una posizione di tutta preminenza la figura di Ibn Battuta, il quale nella prima metà del Trecento ha modo di inserire due successivi passaggi per Hormuz nello svolgimento delle sue peregrinazioni. La prima visita rientra in un itinerario che parte dalla costa africana orientale, tocca Zanzibar, raggiunge l'Oman ed entra nel ricco distretto di produzione delle ostriche perlifere del Golfo Persico, seguendo uno dei percorsi di traffico più attivamente dispiegati fra il «Continente nero», l'Arabia e l'India. Della località visionata egli sottolinea il ruolo di grande emporio in grado di raccogliere le linee del commercio indiano e di annodarle al mondo occidentale europeo attraverso le direttrici del Medio Oriente. In particolare si sofferma a rilevare come da Hormuz partano le carovane dirette alle sponde del Mar Nero via Tabriz e attraverso la Penisola Anatolica (DUNN, 1998, pp. 162-165). La seconda puntata si riconduce direttamente alla linea di collegamento oceanico. L'infaticabile personaggio, di volta in volta calato nei panni del pellegrino, dell'esploratore e del giudice coranico, raggiunge Hormuz con una navigazione sottocosta lanciata sempre dai porti dell'Oman, che questa volta (attorno al 1347) ha toccato provenendo dalla costa occidentale indiana attraverso il Mare Arabico. Sarà questa l'occasione per verificare come una contesa dinastica coinvolga tutte le piazzeforti di controllo dello stretto, mettendo a repentaglio la sicurezza delle attività mercantili dispiegate (*ibidem*, 1998, pp. 324-326). Ancora una volta esce confermata tutta la rilevanza della posizione geostrategica del sito, unitamente all'estrema vulnerabilità di un fascio di rotte che, disteso lungo le fronti litorali dell'Oceano Indiano, necessariamente gravita sul corridoio di passaggio forzato per l'accesso al Golfo Persico.

Alla metà del Quattrocento è Fra Mauro che per il suo *Mappamondo* ha modo sia di attingere alla mole informativa proveniente dal testo del *Milione*, sia di utilizzare i materiali cartografici frutto delle esplorazioni portoghesi condotte all'epoca lungo le coste occidentali dell'Africa, ma non ancora tali da coinvolgere l'Oceano Indiano. La sua elaborazione, riferita al 1459, riporta l'isola di *hormus* che viene descritta attraverso le connotazioni geografico-climatiche delle elevate temperature, della mancanza di precipitazioni e della vicinanza alla costa verso est. Elemento congetturale distante dalla reale conformazione delle terre e dei mari è invece il *SINUS PERSICUS* che risulta ampiamente aperto a Meridione verso il *MARE PERSICUM*, facendo mancare completamente la restituzione percettiva dell'angusto corridoio marino [4].

Si arriva in tal modo all'effettuazione del viaggio «avventuroso» di Ludovico De Varthema, condotto agli inizi del XVI secolo per concludersi nel 1508. Il forte contrasto esistente fra il contesto ambientale repulsivo e la vivacità mercantile del centro di *Ormus* è rimarcata dal Bolognese nel corso del suo procedere verso il lontano Oriente (BAROZZI, 1996, pp. 76-77 e 98-99). Dopo l'inquadramento geografico del sito l'autore fa seguire una serie di note caratterizzanti che da una parte descrivono il luogo come assolutamente privo di risorse idriche e alimentari, dall'altro fanno rilevare come sia alto il numero di mercanti impegnati nel traffico dei più caratteristici generi di merce presenti nella circolazione asiatica. L'attivismo dello scalo resta potenziato anche dal fatto che a poca distanza viene praticata la lucrosa pesca delle ostriche perlifere [5].

---

[4] «Isola hormus e molto calida e marchada(n)tes cha ne la qual no(n) piove mai, è lo(n)ci da terra ferma da la ba(n)da de mogolista(n) mia 20 e da la banda de misira mia 300» come annotato nel corrispondente cartiglio posto all'estremità australe del braccio di mare in oggetto (GASPARRINI LEPORACE, 2002, Tav. XV, 42 [M 35]).

[5] Nel capitolo *De Ormus, città e isola di Persia, e come in quella si pescano perle grandissime* si può leggere infatti come: «Seguitando noi il nostro viaggio, partimmo da Meschet e andammo alla nobile città di Ormus, la quale è bellissima ed è isola e principale, cioè per terra di mare e per mercanzie, ed è distante da terra ferma dieci o dodici miglia. Nella detta isola non si trova nè acqua nè vettovaglia a sufficienza, ma tutto gli viene da terra ferma». E ancora in un altro passo dal successivo capitolo *Del soldano di Ormus, e della crudeltà del figliuolo contra el soldano suo padre, sua madre e fratelli, quali ammazzò e poi fu morto egli* si viene informati che nella città «sono communemente quattrocento mercatanti forestieri, li quali fanno mercanzie di sete, perle, gioie e spezie». Da sole le perle sono in grado di richiamare grazie al loro valore «alcuna volta trecento navilii di più paesi» (Barthema in RAMUSIO, 1978, I, pp. 803-806).

Con l'avvio dell'iniziativa militare-mercantile portoghese sulla direttrice orientale che si protende verso le isole delle spezie si chiude un lungo periodo storico di passiva ricezione consumistica delle pregiate e dispendiose merci da parte dell'Occidente europeo.

Un tentativo di forzare la situazione e ricondurre sotto il proprio controllo diretto quelle importazioni di incenso, mirra e aromi di provenienza varia che tante spese provocavano alle casse dell'erario[6] era stato già compiuto dai Romani all'esordio dell'età imperiale. Letteralmente insabbiata, l'impresa di conquistare la mitica e opulenta *Arabia Felix* si era conclusa nel fallimento più totale tra il 25 e il 24 a.C. (*Città sepolte...*, 1986, VII, p. 1891) dopo una sfortunata puntata all'interno della regione (HAMALAINEN, 1996, p. 5), e per secoli nessuna manovra del genere era stata più ritentata.

Il viaggio di Vasco de Gama del 1498 dischiude una nuova fase che vedrà le potenze europee direttamente impegnate nello sforzo di impossessarsi dei distretti produttivi e delle fonti del lucroso commercio, in modo tale da permettere l'affrancamento dai pesanti esborsi in oro e argento necessari per controbilanciare il valore delle costose importazioni. Agli inizi le autorità lusitane cercheranno di ammantare col segreto di Stato le informazioni tecniche riferite ai particolari della linea di navigazione che sostiene il traffico delle spezie nell'oltremare. Mentre cala una cappa di silenzio sulle attività marittime del teatro d'operazioni nell'Oceano Indiano, anche le iniziative strategiche dei comandi responsabili non potranno godere della celebrazione legata alla diffusione di una versione ufficiale dei fatti. Notizie, informazioni e dettagli frammentari trapelano grazie alle comunicazioni epistolari di diplomatici e uomini d'affari che mantengono stretti legami con la capitale del Portogallo e accedono a fonti clandestine e protette dal più geloso riserbo (MILANESI, 1978, p. 597). In questa temperie storico-militare si afferma l'effimera supremazia lusitana a controllo della via per le Indie. La postazione

---

[6] Un'attenta analisi dei costi derivati dalle importazioni degli aromi viene impostata da Plinio il Vecchio nella sua *Naturalis Historia* con toni di forte rammarico: «Iam quacumque iter est, aliubi pro aqua, aliubi pro pabulo aut pro mansionibus variisque portoriis pendunt, ut sumptus in singulas camelos -X- DCLXXXVIII ad nostrum litus colligat, iterumque imperii nostri publicanis penditur. Itaque optimi turis libra -X- VI pretium habet, secundi -X- V, tertii -X- III» (PLINIO IL VECCHIO, XII, 65).

chiave di Hormuz cade nelle mani portoghesi nel 1515 sotto la vigorosa offensiva di un corpo spedizionario inviato da Lisbona al comando del governatore generale Alfonso de Albuquerque, consapevole dei vantaggi politici e militari derivanti dal «potere marittimo» (NEWBY, 1976, p. 81) e seriamente intenzionato a rafforzare il sistema avviato a guardia delle rotte indiane di rilevanza economica.

Testimone dello svolgersi degli accadimenti è Duarte Barbosa, giunto sul terreno di manovra al seguito della flotta lusitana già nel 1500. La descrizione geografica che fa dell'imboccatura del Golfo Persico resta contraddistinta da una evidente ricchezza di particolari: «Nella bocca del detto mar di Persia vi sono le isole seguenti, che sono del re di Ormuz: Quixi, Andrani, Baxeal, Quuro, Lar, Coiar, Dome, Firror, Gicolar, Melungan, Cori, Queximi, Baharem» (Barbosa in RAMUSIO, 1979, II, p. 567). A loro volta l'articolazione urbana di Hormuz e le tipologie edilizie vengono annotate con attenzione rivolta alle soluzioni tecniche messe in atto per attenuare gli eccessi climatici: «Uscendo del mare e stretto di Persia, nella bocca vi è una isola piccola dove è la città di Ormuz, che è piccola e molto bella, e di molto gentil case, alte e di muro ingessato, coperte di terrazi. E perché la terra è molto calida, hanno nelle case certi ingegni da far vento, fatti di maniera che dal più alto delle case fanno venire il vento a basso nelle sale e stanze loro» (*ibidem*, p. 570). Le vie di traffico raccordate allo scalo si allungano dalla Mesopotamia, Arabia e Persia sino in India e nel Bengala, per raggiungere successivamente la Cina nell'Estremo Oriente. Le partite movimentate sono di grande e variato assortimento, con termini del repertorio gemmologico, prodotti di origine vegetale, derrate alimentari e manufatti di genere pregiato, soprattutto tessili:

> D'India portano quivi d'ogni sorte di specie, droghe, pietre e altre mercanzie, che sono pepe, gengevo, cannella, garofani, macis, noci moscate, pepe lungo, legno d'aloe, sandalo, verzino, mirobolani, tamarindi, zaferano, indo, cera, ferro, zucchero, riso, noci d'India, rubini, zaffiri, giagonzas, ametisti, topazi, crisoliti, iacinti, percellane, benzuì... e molti panni del regno di Cambaia, Chaul, Dabul e Bengala... Portano ancora a questa città di Ormuz argento vivo, cinaprio, acqua rosa, e broccati e seta, grana, ciambellotti communi e di seta; e dalla China e Cataio portano a questa città per terra molta seta fina in matasse, muschio molto fino e riobarbaro; e dal paese di Babilonia portano turchi-

ne molto fine, e alcuni smeraldi e azurro molto fino; e da Acar e da Baharem e da Iulfar portano molte perle grandi e minute; e dal paese d'Arabia e di Persia molti cavalli...e nelle navi che portano questi cavalli caricano molto sale, dattili, uve passe, solfo e altre mercanzie, delle quali gl'Indiani ne hanno assai piacere [*ibidem*, pp. 570-571].

Aspetti singolari e particolarità riguardanti le specifiche voci trattate risaltano nel testo narrativo. A titolo di esempio la continuità storica del commercio di cavalli praticato dall'Arabia verso l'India si evince dal confronto fra la descrizione di Marco Polo inserita nel capitolo *Della città di Dufar* (192,7): «Di questo incenso e di cavagli che vengono d'Arabbia e vanno in India, sì.ssi fa grandissima mercatantia» (POLO, 1994, p. 299) e quanto asserito dal Barbosa: «e dal paese d'Arabia e di Persia molti cavalli, che di lì gli portano poi all'India, che ognuno vale più di 500 o seicento ducati, e alle volte mille» (Barbosa in RAMUSIO, 1979, II, p. 571). Lo stesso vale per l'attività produttiva di raccolta delle perle dal fondo del Golfo Persico.

La concentrazione di ricchezza dispiegata induce le forze di Lisbona a occupare nel corso dello stesso 1515 un sito presso Ras Al-Khaimah, con un'operazione resa possibile grazie alla superiorità navale e al controllo dei mari. Qui viene istituito un ufficio di dogana col compito di applicare un regime di prelievo fiscale ai traffici così fluentemente e massicciamente sviluppati fra il golfo e le varie destinazioni dell'oltremare (ROBISON, 1994, p. 293), mentre Hormuz diviene la base operativa del settore, capace di appoggiare a un tempo la sfera d'influenza sul Golfo Persico e le proiezioni offensive verso levante. Una linea di installazioni fortificate distesa in Oman e ancora oggi riscontrabile nei pressi di Masqat (fig. 6) provvede a consolidare il dispositivo di controllo territoriale[7]. Questa presenza organizzata e armata sul teatro dello stretto è destinata a durare poco più di un secolo. Nel 1622 la supremazia lusitana si conclude sotto gli attacchi reiterati delle rivali marinerie europee, inglesi e olandesi in modo

---

[7] Le testimonianze architettoniche elevate sul litorale omanita a cavaliere del Tropico del Cancro si strutturano in un complesso di tre forti monumentali ancora oggigiorno funzionanti. L'impianto di Mutrah è interamente di costruzione portoghese; a Masqat (Mascate) due corpi di fabbrica precedenti furono ampiamente ristrutturati e utilizzati durante l'occupazione lusitana.

FIGURA 6
MASQAT, IL FORTE A GUARDIA DELLA ROTTA VERSO LO STRETTO DI HORMUZ
(Ripresa: Gennaio 1998)

particolare. Cacciati da Hormuz e successivamente, nel 1633, dalla fronte costiera acquisita all'interno del golfo, i portoghesi perdono definitivamente il controllo dello stretto e debbono lasciare il campo all'affermarsi dell'egemonia britannica (RAMAZANI, 1979, p. 25).

Il secolo successivo vede quindi crescere l'influenza politica inglese nel golfo, costantemente appoggiata dall'esibizione della potenza navale. Ed è proprio la Marina da guerra di Sua Maestà Britannica che agli inizi dell'Ottocento si impegna a fondo per ripulire quella che era stata denominata come la «Costa dei Pirati», sconfiggendo le flotte delle confederazioni tribali attive nelle acque interne al bacino (ROBISON, 1994, pp. 293-294). La lotta serrata contro la pirateria e il commercio degli schiavi nel golfo darà l'occasione al governo di Londra di dispiegare appieno nel settore le unità del proprio apparato navale da combattimento, impiegate a tutela di quegli interessi strategici di assoluta priorità che si rivolgono alla protezione delle linee di collegamento con la sfera di dominio nel subcontinente indiano (RAMAZANI, 1979, p. 25). Nel 1820, a conclusione e suggello delle operazioni belliche, la flotta inglese, ormai padrona del campo, può imporre il «Trattato generale di pace». Quindici anni più tardi, nel 1835, viene stabilita una «Tregua marittima» a pacificare del tutto la costa arabica posta a sud ovest di Hormuz. Col 1853 infine un «Trattato di pace perpetua» viene a concedere a Londra pieni poteri per esercitare il ruolo di arbitraggio fra i potentati locali, di fatto completamente assoggettati all'autorità britannica. Sulla scorta di questi accadimenti l'antica «Costa dei Pirati» vede modificata a un tempo sia la definizione toponomastica che la propria immagine geopolitica sulla scena internazionale, acquisendo una designazione nota in Europa con il termine di «Trucial Coast» (ROBISON, 1994, p. 294), ma senza perdere del tutto un certo livello di permanenza nelle pubblicazioni a carattere geografico fino alla seconda metà del XX secolo[8].

Per tutto l'Ottocento e poi nel secolo successivo il settore resterà di importanza strategica per gli inglesi in rapporto al controllo sulle rotte dirette in India e quindi alla coesione dell'Impero Coloniale. Tale funzione incentrata sul passaggio attraverso lo Stretto di Hormuz emerge con tutta evidenza già in seguito agli sviluppi espansivi territoriali prodottisi alla conclusione della parabola napoleonica. Nel corso di questa fase, precedente alla realizzazione del Canale di Suez, l'esigenza che riveste carattere di netta priorità è quella di effettuare un efficace collegamento commerciale e militare fra le Isole Britanniche e i possedimenti d'oltremare. In questa prospettiva la via più breve con tratti alternati terrestri e marittimi risulta essere quella che dal Mediterraneo approda in Asia al porto di *Iskanderoon*, sul Golfo di Alessandretta, per proseguire lungo la vallata dell'Eufrate e raggiungere le rive dello Shatt al Arab. A questo punto poteva partire una rotta tesa attraverso il Golfo Persico e il Mar Arabico sino a toccare Bombay, la «Porta dell'India». All'interno di questa articolazione di vie di comunicazione e trasporto le esigenze legate alla sicurezza del

---

[8] Si veda in merito la persistenza del termine nel panorama toponomastico della carta fisico-politica: *Asia Anteriore* dell'*Atlante geografico metodico* (1994, tav. 95, p. 159), nonché per la duplice dizione: *Costa dei Pirati-Costa della Tregua* in BASSO (1965, p. 63).

percorso impongono il saldo possesso di uno schieramento di piazzeforti a guardia dello stretto[9]. Alla vigilanza esercitata tramite i caposaldi si aggiunge un adeguato apparato di dominio areale a scala regionale e continentale più estesa. A tal riguardo l'interpretazione britannica del principio del *divide et impera* induce il governo di Londra ad adottare due linee guida ispiratrici della politica gestionale all'interno del vasto e variegato ordinamento coloniale. Con riferimento alle specificità dettate dal composito quadro etnico, culturale e politico dei distinti dominati territoriali un criterio di non ingerenza informa l'attitudine delle autorità inglesi, mentre una stretta tutela viene applicata per quanto concerne la conduzione degli affari esteri e il mantenimento della difesa.

All'indomani del secondo conflitto mondiale il processo di evoluzione dello spazio geopolitico gravitante sul Golfo Persico conosce l'affievolirsi della supremazia britannica, mentre otto Stati sovrani vengono ad attestare la propria presenza sui litorali del delicato teatro regionale (RAMAZANI, 1979, p. 26). Disposti in senso orario attorno alla chiave di volta dello stretto essi risultano essere nell'ordine: la monarchia persiana (Iran in senso stretto, divenuto repubblica islamica nel 1979), il sultanato di Oman, la federazione degli Emirati Arabi Uniti, l'emirato indipendente del Qatar, lo sceiccato del Bahrain, il regno dell'Arabia Saudita, lo sceiccato del Kuwait, la repubblica (dal 1958) dell'Iraq (PENNESI, ALMAGIÀ e ORSOLANO, 1985, pp. 12-37). Una tappa significativa nel processo di emancipazione politica

---

[9] Il tracciato del sistema teso via mare e per terra attraverso la Mesopotamia e lo Stretto di Hormuz è indicato nella carta *Overland Route to India*, comparsa alla metà dell'Ottocento all'interno di *The Illustrated Atlas and Modern History of the World*, precedentemente introdotto. Il commento che accompagna la tavola (riccamente illustrata con le vignette vedutistiche di Aden, Bombay e Madras nella veste di anelli dello spiegamento di possedimenti britannici affacciati alle rotte dell'Oceano Indiano) non manca di proporre soluzioni infrastrutturali per il potenziamento del percorso utilizzando dei nuovi tratti ferroviari da costruire allo scopo oppure ricorrendo ad una idrovia (POTTER, 1990, pp. 74-75). La fattibilità di quest'ultima soluzione viene sottolineata con il richiamare il canale già a suo tempo esistente quale connessione fra l'alveo dei due fiumi Tigri ed Eufrate. In merito alla fitta stesura di canali caratterizzante la Mesopotamia sin dall'antichità e alla navigabilità del «canale reale» lanciato verso sud-est fra i due corsi d'acqua principali, si veda la descrizione effettuata da Erodoto (*Storie*, I, 193).

nell'area si produce nel 1951 quando la prima nazionalizzazione dell'AIOC (l'*Anglo-Iranian Oil Company*) infligge allo stesso tempo un duro colpo agli interessi economici britannici e alla loro capacità di esercitare una forte influenza sugli affari interni ed esteri di Teheran.

Una data di svolta epocale è rappresentata dal 1971, quando si produce il ritiro, già annunciato nel corso del 1968, delle forze britanniche da tutti i settori di impegno diretto localizzati «a Est di Suez» (RAMAZANI, 1979, pp. 27; 38). Nell'imminenza dello storico evento il governo inglese teme l'insorgere e la moltiplicazione delle questioni di rivendicazione confinaria, destinate a essere peggiorate da inevitabili strascichi e ripercussioni nell'ambito degli spazi marini adiacenti. Conseguentemente Londra ha motivo di ritenere che la creazione di un soggetto territoriale federale in luogo del precedente settore di controllo corrispondente alla «Trucial Coast» possa rappresentare la soluzione geopolitica più adeguata per la riduzione dei livelli di conflittualità potenziale nell'area (*ibidem*, p. 73).

La nascita degli Emirati Arabi Uniti, geograficamente collocati nella delicata sezione meridionale del Golfo Persico, si deve proprio a preoccupazioni di tal fatta, nella prospettiva del mantenimento di un quadro di stabilità regionale laddove il vuoto di potere avrebbe potuto comportare gravi rischi per la sicurezza dei rifornimenti energetici diretti in Occidente. L'importanza della posta in palio è sottolineata dal fatto che è lo stesso governo britannico a impegnarsi direttamente sul disagevole teatro d'operazioni attraverso i funzionari del corpo diplomatico designati per l'oneroso incarico. Ne scaturirà in tal modo la definizione confinaria necessaria per avviare l'impianto del nuovo soggetto politico (ROBISON, 1994, p. 295). Nella compagine federale in via di assemblaggio trovano posto nel 1971 sette sceiccati indipendenti: Abu Dhabi, Dubai, Sharjah, Ajman, Umm Al Qaiwain, Ras Al Khaimah, Fujayrah corrispondenti ai precedenti «Stati della Tregua» (*Calendario Atlante...*, 1991, p. 319). I confini dell'Unione non mancano di caratterizzarsi per un notevole grado di complessità in rapporto ai criteri di aderenza topografica e all'articolazione spaziale delle diverse sfere di competenza che si spinge sino alla frammentazione territoriale dei singoli membri appartenenti. Nella specificità degli aspetti frontalieri coinvolti va infatti sottolineato come la natura dei centri di potere da far confluire nel nuovo ordinamento restasse di matrice squisitamente tribale, motivo che insisteva alla base di innumerevoli complicanze e intersezioni sul terreno. Alla fine dell'opera di riconoscimento due situazioni emergeranno per appoggiare i successivi lavori di ripartizione e demarcazione: prima, la presenza di entità statali caratterizzate da continuità territoriale; seconda, lo spiegamento di emirati affetti da spezzettamento areale. Nella prima condizione si ritrovano Abu Dhabi, Dubai e Umm Al Qaiwain rivolti verso occidente e l'interno del Golfo Persico. Nella seconda vengono a ricadere Sharjah (frammentato in tre pezzi e strategicamente affacciato sia sul Golfo Persico che su quello di Oman), Ras Al Khaimah (ugualmente provvisto di tre settori e due sbocchi al mare), Ajman (due schegge di territorio con apertura al Golfo Persico) e infine Fujayrah, con tre porzioni tutte affacciate sul Golfo di Oman[10].

Queste manovre di ingegneria geopolitica però non potevano impedire che inediti motivi di contenzioso sorgessero fra il nuovo attore politico sovrano e la dinastia imperiale dello scià Reza Pahlavi, entrambi intenzionati a estendere il più possibile il controllo navale sulle correnti di traffico tese lungo lo Stretto di Hormuz, in un quadro di aumentata influenza nell'ambito regionale. La questione assurge a nodo sensibile degli scenari geopolitici estesi a scala mondiale con l'acutizzarsi della competizione fra Stati Uniti e Unione Sovietica che ripropongono nell'ambito dello scacchiere dell'Oceano Indiano e del Golfo Persico i motivi di contesa legati agli sviluppi della Guerra Fredda. Già dagli anni Sessanta Mosca aveva considerato come una minaccia inaccettabile il potere marittimo offensivo degli Stati Uniti, soprattutto dopo che questi si erano dotati di unità sommergibili in grado di lanciare missili balistici a lungo raggio dotati di testate nucleari. I pilastri fondanti della linea di condotta e ingerenza sovietica nella regione del Golfo nel corso della tensione fra i blocchi risultano essere due: il favore accordato a tutti i progetti di nazionalizzazione delle attività estrattive, in modo tale da colpire in modo ravvicinato gli interessi delle grandi compagnie oligopolistiche occi-

---

[10] L'andamento delle linee confinarie che definiscono gli ambiti di giurisdizione dei sette emirati e il mosaico territoriale conseguente emergono dalla carta tematica di D.A. BURLES, *Energy Map of The Middle East. 1:5.000.000*, Londra e Gidda, The Petroleum Economist e SAMAREC, 1991.

dentali; l'acquisto diretto di ingenti partite di idrocarburi, essenzialmente gas dall'Iran e greggio dall'Iraq. Alle mosse di matrice economica si affiancano poi gli interventi di tipo militare quali la massiccia vendita di armi all'Iraq e l'installazione di basi navali per le operazioni delle unità appartenenti alla flotta dell'Armata Rossa. Il dispositivo di appoggio si dispiega da Umm Qasr presso Bassora in Iraq, all'isola di Socotra e al porto di Aden (sotto controllo dello Yemen del Sud di allora) per raggiungere con la Somalia il Corno d'Africa. Sul piano squisitamente politico le iniziative di condizionamento ed estensione della sfera di influenza favorivano infine la costituzione di governi ispirati al principio del «Fronte nazionale», con la partecipazione dei partiti comunisti locali in funzione anti imperialista e per la lotta contro il sionismo internazionale (RAMAZANI, 1979, pp. 45-51).

Nella stessa congiuntura storica e sulla base di cinque principi guida la politica statunitense nella regione punta al mantenimento di un regime di cooperazione e stabilità politica in grado di garantire senza minacce la regolarità dell'accesso continuato ai giacimenti e alle infrastrutture petrolifere del golfo. La libera navigazione attraverso lo Stretto di Hormuz balza al centro delle prospettive strategiche internazionali quale motivo di primaria importanza per gli Stati Uniti e i loro «European and Asian friends and allies» (*ibidem*, p. 41). Le più solide garanzie rivolte al conseguimento di tale obiettivo risultano del tutto analoghe alle misure messe in atto dalla superpotenza rivale, secondo un copione destinato a ripetersi sui vari scenari dello scacchiere mondiale, dove le iniziative di un blocco innescano inevitabilmente le contro-manovre da parte dell'altro. Anche il governo di Washington ricorre quindi a massice vendite di arsenali bellici ai paesi schierati a loro favore, mentre alla strategica base aeronavale dell'isola di Diego Garcia, impiantata nel cuore dell'Oceano Indiano immediatamente a sud del Mare Arabico [11], si aggiunge una presenza diretta con le infrastrutture operative del Bahrein e dell'isola di Masirah di fronte alla costa dell'Oman centrale (RAMAZANI, 1979, p. 50).

---

[11] Inquadrata nel British Indian Ocean Territory a 7° sud e 72° Est, è stata concessa con contratto d'affitto agli Stati Uniti negli anni della Guerra Fredda. Al 2000 risultava priva di popolazione autoctona (*Calendario Atlante...*, 2000, p. 787).

In un simile contesto di confronto ravvicinato fra le superpotenze, un momento di acuta tensione nel settore si raggiunge con la rivolta maturata nel Dhofar (regione omanita al confine con lo Yemen) e sostenuta dall'Unione Sovietica. La ribellione trasse origine e alimento all'interno di una condizione di grave disagio civile profondamente radicato nella compagine socio-economica del paese, affetta da marcate condizioni di arretratezza (*La nuova enciclopedia...*, 1983, p. 734). L'aumento dei proventi petroliferi consentiva a un regime rinnovato dopo il colpo di Stato del 1970 di introdurre modifiche sostanziali nel tenore e negli assetti della società omanita, tardivamente mantenutasi in un genere di vita di stampo tribale. In rapporto al dipanarsi della vicenda, maturata nel corso degli anni Settanta, i ribelli giunsero comunque a raccogliere consensi presso le popolazioni della Penisola di Musandam, protesa alla delimitazione meridionale dello Stretto di Hormuz (RAMAZANI, 1979, pp. 51-52). Veniva così a concretizzarsi per l'Occidente la minaccia, poi rientrata, di un rovesciamento di regime in Oman con la possibilità che vi venisse insediato un mandatario di Mosca a guardia della linea costiera meridionale di accesso allo strategico passaggio marittimo. Concretamente l'episodio costituisce una edizione arabica della tensione fra i blocchi separati dalla cosidetta «Cortina di ferro».

La riproposizione sul suolo omanita dei classici motivi di confronto legati alla Guerra Fredda introduce schieramenti di forze parzialmente inediti, dove le principali parti in causa si ritrovano impegnate a coagulare le componenti conflittuali del quadro regionale. In questo modo il governo del sultano insediato a Masqat viene sostenuto e difeso da una coalizione che trova il suo nerbo nell'asse Gran Bretagna-Stati Uniti e comprende l'Iran della dinastia Pahlavi, il Pakistan e il regno hashemita di Giordania. Le forze di Teheran scenderanno direttamente in campo con un contingente d'intervento logisticamente dotato, mentre Washington ricorre alla consueta vendita di materiale bellico, elicotteri e missili anticarro in modo particolare, in rapporto alle esigenze di natura tattica dettate dal terreno d'operazioni e dalla natura dei combattimenti. Dal canto suo l'Unione Sovietica appoggiava direttamente il movimento ribelle attraverso il coinvolgimento del regime alleato della Repubblica Democratica Popolare dello Yemen (noto quale Yemen del Sud), l'impiego di consiglieriaddestratori cubani e l'immancabile fornitura di armamenti. La rivolta aveva termine nel mese di dicembre 1975 (*ibidem*, pp. 76-78), non senza aver dimostrato tutta la vulnerabilità e il forte livello di esposizione cui si ritrovava soggetta la via d'acqua di Hormuz.

La navigazione nello Stretto di Hormuz

Con riferimento alla localizzazione e all'inquadramento fisico-geografico del settore coinvolto, la strategica arteria marittima segue l'assetto orografico e morfologico locale presente fra la costa iraniana sud-orientale e l'estrema propaggine settentrionale del Sultanato di Oman che si sfrangia nella frastagliatissima Penisola di Musandam. Per quanto riguarda le dimensioni abbracciate, va fatto rilevare come la distanza fra costa e costa nella sezione di massimo riavvicinamento non superi le 34 miglia nautiche, intercorrenti fra la l'isola di Jazireh-ye Larak, posta al largo del porto di Bandar Abbas, e lo scoglio di Didamar, affiorante sulla diretta prosecuzione della punta omanita protesa verso nord-est. I fondali non si collocano molto al di sotto della superficie marina. Le profondità della via d'acqua sono infatti modeste con valori compresi fra i 71 e i 93 metri nella sezione più stretta del passaggio incastonato fra le due linee costiere contrapposte. In queste condizioni idrografiche la presenza di bassofondali, scogli e isolotti ripetuti lungo l'asse di movimento non manca di aggiungere ulteriori problemi alla navigazione.

Le esigenze legate al passaggio dei convogli in condizioni di sicurezza e le diversificate sfere di giurisdizione che si affollano nella zona di restringimento degli spazi marini in oggetto hanno reso necessaria una zonizzazione estremamente articolata e tale da comprendere diverse categorie di specializzazione in senso nautico. Queste prevedono: due corsie di transito a senso unico dell'ampiezza di due miglia nautiche ciascuna: quella settentrionale per il traffico in entrata nel Golfo Persico, quella meridionale in uscita verso il Golfo di Oman e il Mare Arabico; una fascia di separazione del traffico posta fra i due canali di scorrimento e come questi ampia due miglia nautiche (fig. 7). All'interno del Golfo Persico il sistema di percorrenza si sposta verso la costa iraniana, mentre la sezione di interposizione si allarga appoggiandosi all'allineamento delle tre isole Jazireh-ye

FIGURA 7 - SCHEMA NAUTICO DI REPARAZIONE DEL TRAFFICO MARITTIMO
ENTRO LO STRETTO DI HORMUZ

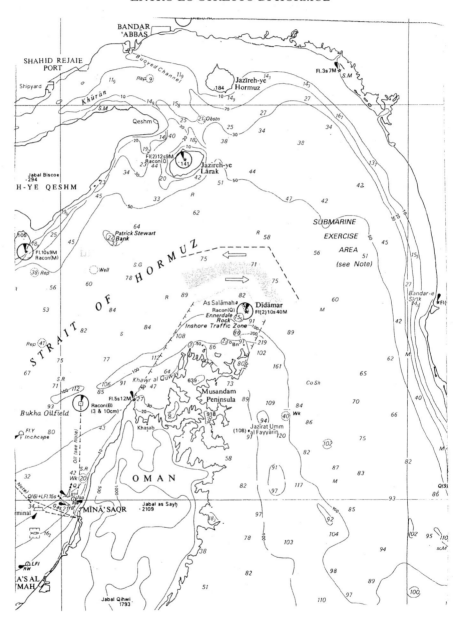

Fonte: HYDROGRAPHIC OFFICE, *Strait of Homuz to Qatar. Scale 1:750.000 at lat 20°*, Taunton-United Kingdom, Crown Copyright, 1990 (adattato e modificato).

Forur, Jazireh-ye Nani Tanb e Jazireh-ye Tonb-e Bozorg, rispettivamente da ponente verso levante. Compaiono poi settori di distinta specializzazione d'uso: una zona di pesca sottocosta interdetta ai vascelli di tipo commerciale, localizzata a 25° 30' N e 56° 24' E di fronte alla sezione settentrionale del litorale dell'Emirato di Fujayrah; un'area per le esercitazioni dei mezzi sommergibili allungata parallelamente alla costa iraniana nella sezione di torsione delle direttrici di sviluppo litorale da SO-NE (a occidente) a NNO-SSE (più a oriente); una zona di traffico sottocosta (*Inshore Traffic Zone*) articolata a nord-est della Penisola di Musandam. Risultano infine individuate diverse aree ristrette che si ricollegano a motivazioni varie. A titolo di esempio, è possibile annotare come a sud dello stretto, ai margini della piattaforma continentale e su un fondale compreso fra i 417 e i 726 metri prima dell'inabissarsi della scarpata verso il fondo del Golfo di Oman, resti localizzata un'area circolare di abbandono di materiali esplosivi (*Explosives Dumping Ground*). Installazioni di vario tipo, fari e sistemi di controllo restano impiantati sui principali affioramenti e banchi semisommersi che intercettano le direttrici di movimento navale.

La frequentazione degli ambiti di pertinenza della via d'acqua non è animata solamente dall'incrociare delle unità di genere e stazza estremamente variegate, ma comprende particolari forme di occupazione stabile degli spazi marini. Le piattaforme di estrazione petrolifera costellano con una fascia pressoché ininterrotta le aree *off-shore* affacciate alle sezioni litorali pertinenti ad Arabia Saudita, Qatar ed Emirati Arabi Uniti, ma sono quest'ultimi a sfruttare le aree di fondale più vicine alla sezione terminale di ingresso del traffico marittimo. In particolare i campi petroliferi di Sirri e Mubarek con l'annesso *terminal* di carico installato sull'isola di Jazireh-ye Sirri si portano pochi chilometri a sud-ovest di quel vero e proprio imbuto geomorfologico litorale che conduce al punto di massimo restringimento[12].

---

[12] Le caratteristiche morfo-strutturali del bacino, il tracciato della rotta attraverso le parti più anguste della via d'acqua e la distribuzione dei principali settori di intervento e posa di installazioni per la ricerca degli idrocarburi in mare, sono riscontrabili in Hydrographic Office, *Strait of Hormuz to Qatar. Scale 1:750.000 at lat 20°*, Taunton (Gran Bretagna), 24th August 1990.

Il sistema portuale relativo allo Stretto

Il sistema infrastrutturale afferente allo Stretto di Hormuz comprende due basilari poli operativi stabiliti in due dei tre paesi litorali affacciati allo strategico corridoio: la federazione degli Emirati Arabi Uniti e l'Iran, con gli scali rispettivamente di Dubai e di Bandar Abbas alla guida della movimentazione via mare. A questi va aggiunto tutto il dispositivo *off-shore* di piattaforme per l'attracco delle navicisterna e il loro caricamento.

Prendendo in considerazione il primo dispositivo funzionale, va subito sottolineato come l'apparato logistico portuale degli Emirati Arabi Uniti risponda a un modello di organizzazione territoriale basato sul duplice svolgimento litorale allungato sui due lati occidentale e orientale della Penisola di Musandam. Inoltre, sulla base delle sollecitazioni introdotte dall'economia petrolifera predominante e della progettualità di lungo termine rivolta alla diversificazione dei vari comparti di attività, vi possono essere distinti due tipi di impianti specializzati: *terminals* petroliferi con le connesse aree di stoccaggio; piazzali per la movimentazione dei carichi modulari.

Lo scalo di maggior rilevanza è quello di Dubai, con una felice posizione geografica tale da consentire lo sviluppo del ruolo di crocevia fra Occidente e Oriente, anche sulla base della distanza di 2.807 miglia nautiche da Suez e 3.522 da Singapore. Perno quindi delle rotte protese fra l'Europa, il Mediterraneo, la regione del Golfo Persico, l'Oceano Indiano e l'Estremo Oriente, il porto si è specializzato nel moderno comparto d'attività della movimentazione degli imballaggi standardizzati. In realtà si tratta di un dipolo infrastrutturale in quanto l'Autorità Portuale del piccolo, ma ricchissimo emirato gestisce le attività di due efficientissimi attracchi abbinati a poca distanza l'uno dall'altro, immediatamente a ridosso della capitale: Mina Jebel Alì, localizzato a 35 chilometri a sud-ovest della città (a 24° 35' N; 55° 02'09" E) e Port Rashid, inserito all'interno della stessa area urbana (25° 15'33" N; 55° 16'09" E). L'accorpamento, avvenuto nel 1991, dei due precedenti nuclei operativi ha dato vita a un attivissimo polo mercantile, balzato immediatamente nel novero dei 10 più trafficati scali a livello mondiale. La prima rada (Jebel Alì) dispone di un canale di avvicinamento profondo 15 metri e ampio 280 che indirizza verso due bacini articolati con la scansione delle postazioni di approdo-ormeggio e di manovra dei meccanismi di sollevamento. Nell'organizzazione degli stessi spazi operativi si aggiungono i depositi di carburante e i piazzali per la sosta dei contenitori. Orientati da nord-est a sud-ovest, i due specchi marini vengono a ricoprire una lunghezza complessiva di 2,3 chilometri per il bacino esterno e di 3,7 per quello interno [13]. Il riferimento per l'ingresso a Port Rashid consiste invece di una boa di approccio all'imboccatura, al di là della quale la profondità minima si fa di 11,5 metri, con una lunghezza massima di 230 metri concessa alle unità in manovra.

Sul fronte dei parametri di matrice statistico-economica balza in evidenza il movimento marittimo del dipolo portuale di Dubai, che faceva registrare per il 2000 la presenza di 10.944 vettori, con una fortissima incidenza di quelli adibiti al trasporto dei carichi modulari. Il traffico commerciale nello stesso anno giungeva a 44,3 milioni di tonnellate, con una netta preponderanza delle merci in *container* (24.350.505 tonnellate pari a 3.058.868 TEUs), seguite dai prodotti petroliferi (12.765.205 tonnellate) e dai carichi di vario genere (insieme alle rinfuse) largamente distaccati all'ultimo posto con 7.212.250 tonnellate [14]. Le classi di naviglio in manovra nelle rade portuali sottolineavano tutta la modernità funzionale dei due scali attraverso la netta prevalenza delle unità portacontainer (4.914 nel 2000), seguite da imbarcazioni di vario tipo (2.094), bastimenti di rifornimento (1.954), navi-cisterna (817), mercantili adibiti ai carichi convenzionali (804) e infine traghetti del tipo *Roll on-Roll off* provvisti di canali di scorrimento interno facilitato per gli automezzi (361). Le tipologie

---

[13] I criteri di aderenza topografica al profilo litorale, la successione dei punti di fonda e la strutturazione degli impianti funzionali dello scalo emergono in Geoprojects, *Dubai. City Maps including Mina Jebel Alì. Scale 1:37.000*, Beirut, International Printers, 1992.

[14] Le serie statistiche riferite al periodo 1991-2001 e fornite dal sito della rete informatica *www.dpa.co.ae* gestito dalla Dubai Ports Authority (Dubai, EAU) confermavano per l'ultimo anno in esame tale ripartizione operativa attraverso la verifica del mantenimento delle posizioni nella graduatoria merceologica. In aumento al primo posto si confermavano i carichi modulari con 27.553.430 tonnellate, in leggera flessione si ponevano i petroliferi con 11.783.224 tonnellate, un leggerissimo aumento in terza posizione interveniva per le merci in genere con 7.373.227 tonnellate.

di carico comprendono merci refrigerate, rinfuse minerali per le attività dell'impianto di trattamento dell'alluminio (localizzato a breve distanza), prodotti petroliferi e petrolchimici.

L'ultimo scorcio del XX secolo ha conosciuto anche un aumento, pari al 5%, del tonnellaggio concernente le merci in genere, anch'esse attirate dalle tariffe competitive, dall'efficienza delle infrastrutture di servizio, e ancora dall'attivismo dei sistemi di comunicazione collegati con i principali canali di scorrimento del traffico internazionale. Vengono così movimentate fra le altre categorie granaglie con riso e frumento, cotone, legnami, minerali, acciaio, materiali da costruzione. Gli impianti di deposito dispongono di celle frigorifere specializzate per gli alimenti e le merci deperibili (quali i latticini con i derivati e i prodotti dolciari) o semi-deperibili (tabacco e farmaceutici); temperatura e umidità vengono sottoposte a controllo e condizionamento in risposta alle diverse esigenze merceologiche. I locali di immagazzinamento disponibili sono abbinati ai grandi piazzali all'aperto adibiti alla movimentazione dei *containers*: 988.907 m^2 rappresentano l'area di stoccaggio al *terminal* di Jebel Ali, 431.860 si aprono sulle banchine di Port Rashid. L'impiantistica specializzata offre grandi opportunità alle attività commerciali, motivo di cui si avvale la «Jebel Ali Free Zone», aperta e funzionante in un rapporto di interazione simbiotica con le strutture portuali e in particolare con le attività di riesportazione. Vi sono installate 1.400 compagnie in rappresentanza di più di ottanta paesi a ricoprire un ampio spettro di comparti di produzione industriale, dall'elettronico all'automobilistico, all'alimentare e al farmaceutico in primo piano. Un regime di particolari favori economici espresso nella forma di concessioni fiscali prevede un primo periodo di quindici anni di sgravio totale di imposte, rinnovabile per una analoga durata.

Anche il vicino emirato di Abu Dhabi dispone di un efficiente porto, localizzato a Mina Zayed, mentre appaiono in fase di crescita sulla costa orientale gli scali di Khorfakkan (emirato di Sharjah) e di Fujairah, posto nell'emirato dallo stesso nome.

Sulla sponda iraniana dello Stretto di Hormuz sono collocate invece le installazioni operative di Bandar-Abbas. Inserito nel punto di massima curvatura delle rive settentrionali della via d'acqua, il porto riveste un ruolo funzionale chiaramente indirizzato dalle risorse energetiche fluenti attraverso lo stretto. Il movimento marittimo sul periodo 2000-2001 raggiungeva il 47% del numero complessivo delle imbarcazioni in entrata/uscita nei porti iraniani, ponendo lo scalo di Bandar Abbas al primo posto nella classifica nazionale. Il traffico commerciale, pari a un valore totale di 36.739.394 tonnellate di merci movimentate si divideva fra due generi principali: petroliferi e generali non derivati dagli idrocarburi. In particolare il greggio predominava nel toccare 14.854.238 tonnellate sbarcate e 6.766.834 tonnellate imbarcate; i generi vari si ponevano in posizione subordinata (ma non di molto distaccata) con 11.083.985 tonnellate scaricate e 4.034.337 tonnellate caricate [15]. Tali valori rendono Bandar Abbas porto dominante entro la repubblica islamica e allo stesso tempo il secondo nodo del dispositivo infrastrutturale dello stretto, secondo solo alla concentrazione impiantistica di Dubai.

Gli spazi marini disputati

In stretta relazione con le acque dello Stretto di Hormuz si definiva nel corso degli anni Settanta del Novecento uno spazio di contenzioso marittimo riguardante le isole di Abu Musa, Jazireh-ye Nani Tonb (Lesser Tunb Island) e Jazireh-ye Tonb-e Bozorg (Greater Tunb Island). Abu Musa si ritrovava a essere rivendicata dall'emirato di Sharjah; le due Tonb invece, anche se poste in prossimità della costa iraniana, erano reclamate dallo sceiccato di Ra's al Khaymah, attestato nella sezione più settentrionale della frastagliata Penisola di Musandam. Le parti in causa vedevano quindi nel ruolo di protagonisti diretti della disputa territoriale la Repubblica islamica dell'Iran e la federazione degli Emirati Arabi Uniti. Entrava in gioco poi tutta una serie di attori indiretti, fra cui in primo luogo l'Organizzazione delle Nazioni Unite, interessata per voce dello stesso segretario a un accordo da raggiungere attraverso colloqui d'intesa reciproci, senza dover

---

[15] I rilevamenti statistici marittimo-portuali dello schieramento iraniano di scali sul Golfo Persico e sul Mar Caspio compaiono nel sito della rete informatica *www.ir-pso.com* (gestito dal dipartimento EDI della *Iran's Ports and Shipping Organization*) sotto la voce *Performance Statistics* (aggiornamento consultato del luglio 2002).

far ricorso a un meccanismo di arbitrato internazionale. Seguivano gli Stati Uniti d'America, presenti militarmente nel Golfo e impegnati nelle vendite di forniture belliche agli alleati attestati nello strategico quadrante dello scenario geopolitico mondiale. Altre istituzioni coinvolte risultavano essere la Lega Araba e il Consiglio di Cooperazione del Golfo, quest'ultimo a prendere posizione denunciando le «provocazioni» da parte iraniana. Per un ruolo di mediazione si proponeva il Qatar nel corso dell'ultimo decennio del XX secolo.

Le ragioni del contendere apparivano sin dagli inizi strettamente legate all'esigenza di rafforzare i caposaldi territoriali per un controllo più ravvicinato del corridoio di transito marittimo, nella sua duplice valenza mercantile e militare. L'anamnesi storica della vicenda trae il proprio avvio con l'annessione effettuata nel novembre 1971. Nella circostanza un contingente di truppa iraniano sbarcava ad Abu Musa in seguito a un accordo con la controparte che prevedeva ampi indennizzi economici, ma senza includere, secondo la posizione ufficiale di Sharjah, la cessione della sovranità. Anche le due Tonb venivano strappate dallo scià Pahlavi alla parte avversa, con un intervento destinato ad aggravare le già compromesse relazioni diplomatiche fra i due paesi (*Enciclopedia Geografica...*, 1995, p. 335). Nel corso degli anni Settanta, prima del crollo della dinastia imperiale iraniana, la questione restava alla base di profondi disaccordi fra il regime di Teheran e la comunità araba intera che continuava ad ascrivere i piccoli affioramenti alla sfera di estensione della nazione comune (RAMAZANI, 1979, p. 75). La disputa si trascinava quindi nel prolungarsi degli anni Ottanta e Novanta, con l'Iran attestato sulla tesi di un possedimento permanente, sostenuta sia attraverso gli organi di stampa che tramite comunicati e dichiarazioni ufficiali.

A più riprese veniva ribadito in modo categorico come le isole in questione fossero da considerare iraniane e nel tentativo di minimizzare la questione il governo di Teheran affermava che tra le parti in causa restavano solo «incomprensioni» ricomponibili attraverso il dialogo negoziato. Dal canto suo il governo federale di Abu Dhabi, fermo sulla linea di denuncia dell'occupazione effettuata e mantenuta dalla controparte, aveva modo di dichiarare nel corso del 1997 che nell'impossibilità di conseguire una soluzione diplomatica diretta fra i contendenti, il ricorso alla Corte Internazionale di Giustizia sarebbe stato auspicabile. Una serie di atti significativi configuranti l'esercizio effettivo della sovranità da parte dell'Iran viene però avviata già nel corso del 1996. Nell'occasione la repubblica islamica provvede a rafforzare la propria gestione amministrativa sul territorio, costruendo una centrale energetica e aprendo un aeroporto a Abu Musa; annuncia inoltre piani per la costruzione di un nuovo porto sempre sulla medesima isola[16]. In aggiunta a ciò l'8 agosto 1996 notizie di stampa diffuse a Londra annunciano che l'Iran vi ha installato postazioni missilistiche, con il chiaro intento di introdurre una fonte di minaccia al traffico navale.

Nel mese di febbraio di due anni più tardi un tendenzioso motivo di confusione veniva diffuso da alcuni quotidiani della stampa iraniana («Iran News» e «Farda») con la notizia di un accordo raggiunto sulla questione in termini salomonici. Secondo quanto conclamato da tale esternazione, Lesser Tunb sarebbe stata restituita all'Unione degli emirati arabi, mentre Greather Tunb sarebbe rimasta possesso iraniano; Abu Musa dal canto suo avrebbe dovuto conoscere una formula di gestione copartita. Nessuna conferma da parte di esponenti governativi faceva seguito a quanto posto indebitamente in circolazione. Alla fine dello stesso anno gli Emirati Arabi Uniti denunciavano la politica iraniana tendente a consolidare il fatto compiuto attraverso manipolazioni condotte sul piano demografico. In questa prospettiva lo stravolgimento del tessuto etnico configurava il tentativo di una assimilazione culturale in chiave iraniana applicato alla popolazione residente sulle tre isole, a pieno sostegno della presenza militare.

Agli inizi del 1999 Teheran procedeva con un ulteriore atto di amministrazione, senz'altro di tipo corrente in tempi ordinari, ma interpretabile quale manifestazione intenzionale di autorità e potere nell'ambito del litigio territoriale. Un edificio municipale e un centro educativo venivano inaugurati ad Abu Musa, suscitando l'immediata

---

[16] Un esauriente e aggiornato panorama documentale riferito al complesso volume dei flussi petroliferi nel mondo e alle implicazioni di matrice geopolitica accentrate nei singoli scenari regionali è inquadrato nel sito della rete informatica *www.eia.doe.gov* gestito dalla statunitense Energy Information Administration (EIA). In particolare per i motivi di frizione fra i paesi affacciati al Golfo Persico, si veda la pagina *Persian Gulf Oil and Gas Exports Fact Sheet*, al registro *General Background* (data di consultazione: marzo 2002).

notifica di un *memorandum* di protesta da parte degli Emirati, inoltrato in data 21 febbraio 1999. Nell'occasione veniva reiterata la denuncia del tentativo iraniano di annessione con la forza delle isole disputate, e insieme un nuovo appello veniva inoltrato per il ricorso alla Corte Internazionale di Giustizia allo scopo di dirimere in ultima istanza la controversia. Come tutta risposta la controparte rispondeva un mese dopo (il 20 marzo) per bocca del suo ministro degli Affari Esteri che le tre porzioni territoriali dovevano essere considerate quali «parti inseparabili» del territorio nazionale. In aggiunta a questo veniva sottolineato il carattere difensivo delle manovre militari iraniane nel settore, rivolte solo a preservare la stabilità e la sicurezza nella regione del Golfo Persico. Tali esternazioni non valevano però ad abbassare i toni del contenzioso.

Nel dicembre del 2000 il Consiglio per la Cooperazione del Golfo ratificava un patto di mutua difesa fra i sei paesi membri: Arabia Saudita, Kuwait, Emirati Arabi Uniti, Oman, Bahrain e Qatar. L'accordo mirava a fronteggiare le minacce correnti e i potenziali attacchi esterni, allo stesso tempo in cui rinnovato sostegno veniva conferito al governo federale di Abu Dhabi, impegnato a riacquistare pacificamente la sovranità sulle isole oggetto del contendere. Un ulteriore invito veniva rivolto a Teheran per portare la questione all'attenzione e competenza della Corte Internazionale di Giustizia [17].

Il complesso geografico articolato sui flussi petroliferi in uscita dallo Stretto di Hormuz

L'importanza critica assunta dalle rotte marittime in rapporto al fluire del greggio è chiaramente indicata dal fatto che tre quinti del tonnellaggio totale movimentato risultano trasportati via mare da un continente all'altro tramite le grandi petroliere specializzate. Al gennaio 2002 veniva censita una flotta mondiale attestata attorno alle

---

[17] Una dettagliata rassegna stampa estesa dal 1995 al 2001 e articolata con riferimento ai principali accadimenti che hanno marcato lo svolgimento recente della contesa stabilitasi fra le due capitali (iraniana e arabo-federale) viene fornita dal sito informatico *www-ibru.dur.ac.uk* gestito e aggiornato dalla Università di Durham (Gran Bretagna). In particolare si veda la testata: «International Boundaries Research Unit».

3500 navi-cisterna suddivise in vari tipi e categorie sulla base fondamentale della stazza, del pescaggio, delle capacità di carico e dei conseguenti impedimenti dettati dai parametri di carattere morfologico-dimensionale dei principali passaggi ineludibili del traffico marittimo internazionale[18]. La restante percentuale dei due quinti, peraltro non di scarso conto, risultava affidata al sistema degli oleodotti, con la duplice funzione strategica di attenuare l'impatto legato ai «colli di bottiglia» della circolazione mondiale e di ridurre allo stesso tempo le distanze via mare attraverso l'introduzione di scorciatoie terrestri. Compito specifico delle condutture risulta poi quello di provvedere con le trazioni terminali alla distribuzione frazionata e alla consegna finale a scala regionale all'interno dei principali mercati di consumo, ambiti nei quali questa forma di trasporto può essere attuata con costi gestionali inferiori a quelli imputabili ai vettori alternativi di tipo ferroviario, fluvio-lacustre e stradale-autostradale.

In questo panorama internazionale dei sistemi di trasporto degli idrocarburi, un ruolo del tutto speciale per portata dei flussi e convergenza dei nodi problematici di matrice economica e geopolitica spetta allo Stretto di Hormuz. L'evoluzione storica dipanatasi nel corso del Novecento ha confermato in maniera sempre più evidente e pregnante come non si tratti soltanto di una grande arteria di traffico navale con maggiori volumi di movimentazione rispetto alle altre: in realtà il passaggio rappresenta a livello strategico globale il più vulnerabile punto di strozzatura dei flussi petroliferi, un portale di uscita che in nessun modo l'Occidente europeo-statunitense e l'Estremo Oriente sino-giapponese possono permettere che venga a essere bloccato. In modo particolare per i paesi europei dell'Alleanza atlantica e per il Giappone, l'apertura e la circolazione indisturbata nello stretto costituiscono fondamenti logistici di rilevanza assolutamente vitale in rapporto al livello di sviluppo tecnologico raggiunto, alla mole delle risorse energetiche consumate e alla acuta scarsità relativa di queste se confrontate con i fabbisogni reali.

---

[18] In merito alla classificazione delle petroliere, sette vettori principali si collocano nella varietà tipologica del naviglio mondiale di inizio millennio: ULCC «Ultra Large Crude Carriers»; VLCC «Very Large Crude Carriers»; «Suezmax»; «Aframax»; «Panamax»; «Handymax»; «Handy Size» (tascabili).

La connotazione strategica della via d'acqua in uscita dal Golfo Persico e il carattere di imperiosa necessità rivestito dal libero transito attraverso il corridoio configurato hanno valso al settore di Hormuz tutta una sequela di appellativi e definizioni emerse nel corso delle ultime decadi del secolo XX: «The international oil highway» (Ramazani, 1979, p. 22); «La vena giugulare dell'Occidente»; «The world's most important oil transit chokepoint»; «La via dell'oro nero». La giustificazione dei diversi richiami, variegati ma riconducibili facilmente a una unica esigenza di enfasi classificatoria, emerge dal confronto fra le distinte correnti petrolifere che percorrono le principali arterie di traffico marittimo e terrestre (tabella 2).

Sullo sfondo di questo scenario mercantile e geopolitico emerge con una proiezione di tutto rilievo il sistema geografico correlato al circuito mondiale dei rifornimenti di greggio alimentati dalla regione del Golfo attraverso lo stendimento delle rotte e dei condotti forzati. In modo del tutto complementare la rilevanza strategica ed epocale dello Stretto di Hormuz non può essere percepita e dimensionata a prescindere dalla complessa articolazione spaziale di tutti gli ambiti

Tabella 2
I FLUSSI DEL GREGGIO
ATTRAVERSO I PRINCIPALI CANALI DI SCORRIMENTO
SULLO SCENARIO MONDIALE DI INIZIO MILLENNIO
(tabella di analisi comparativa)

Via di scorrimento	Milioni di barili/giorno in transito	Anno di riferimento
Stretto di Hormuz	15,5	2000
Stretto di Malacca	10,3	2002
Stretto di Bab al Mandab	3,2-3,3	2000
Canale di Suez e oleodotto SUMED	3,0-3,1	2000
Bosforo e stretti turchi	1,6	2000
Oleodotto Druzhba	1,2	2001
Canale di Panama e oleodotto Trans-Panama	0,5	2000

Fonte: dal sito *www.eia.doe.gov*
gestito dalla statunitense Energy Information Administration (EIA)

nazionali, regionali e continentali che si inseriscono nel novero delle destinazioni d'oltremare raggiunte dalle esportazioni petrolifere in transito.

Prendendo in considerazione *in primis* la produzione mineraria dei distretti collocati intorno al bacino marino sottoposto all'attenzione e alle mire del mondo intero, va subito rilevata la grande potenzialità economica e la vastità delle riserve associate ai giacimenti di idrocarburi posti sia in terraferma che fuori-costa. I campi estrattivi di maggior rilievo della classe «Giant» e «Super Giant» risultano localizzati in Arabia Saudita e in Iran. Nella prima il principale orizzonte-serbatoio è costituito dall'«Arab Zone», articolata in una scansione di formazioni lito-stratigrafiche comprendenti calcari mineralizzati sotto copertura evaporitica. Nei settori centro-orientale e sud-orientale della Penisola Arabica gli assetti strutturali giungono a intrappolare la straordinaria concentrazione di idrocarburi del campo di Al Ghawar, appartenente alla categoria dei giacimenti *Super Giant*. Scoperto nel corso degli anni Cinquanta del Novecento, venne successivamente riconosciuto in possesso dell'ingente quantità di oltre dieci miliardi di tonnellate di riserve. Nello stesso periodo risultò individuato l'enorme potenziale del bacino marino persico come zona di produzione *off-shore*. Sulle opposte sponde, quelle orientali, si affaccia la provincia petrolifera arabo-iraniana. Qui il meccanismo tettonico-orogenetico responsabile del sollevamento della catena dei Monti Zagros ha impostato con le stesse modalità e circostanze le condizioni strutturali per l'impianto dei successivi *reservoirs* mineralizzati di età Terziaria [19].

Immediatamente «a valle» nel processo di integrazione verticale dei meccanismi di produzione, trasporto, trasformazione e distribuzione degli idrocarburi vengono a inserirsi le infrastrutture di caricamento disseminate lungo le due opposte sponde del Golfo.

Dal punto di vista della localizzazione geografica gli attracchi portuali attrezzati per far accostare le navi-cisterna possono essere

---

[19] La complessa e polidirezionale cinematica sviluppata dalla placca litosferica Afro-Arabica nel corso del Mesozoico, le condizioni litogenetiche associate e i movimenti tettonici responsabili dei principali fenomeni plicativi-disgiuntivi entro cui si inquadrano le fasi minerogenetiche vengono presentati in HANNA (1995, pp. 18-23).

distinti sulla base di tre categorie: *terminals* disposti lungo la fascia litorale; piazzati su isole; installati direttamente in mare al largo. A questi si uniscono gli impianti specializzati per l'esportazione dei prodotti raffinati dai complessi chimici e petrolchimici che non mancano di dispiegarsi allo sbocco dei distretti minerari.

Con riferimento alla distribuzione geografica dei punti d'imbarco, la sezione orientale del Golfo investe la fronte litorale iraniana. Qui vanno annoverate, fra le principali concentrazioni infrastrutturali, Kharg Island in posizione settentrionale (poco più a sud dello Shatt al Arab e di gran lunga la più grande), Lavan Island (a nord-est della penisola del Qatar) e infine Sirri Island, localizzato di fronte all'imboccatura del corridoio di uscita dal bacino [20]. La costa occidentale del Golfo Persico vede invece succedersi impianti pertinenti a quattro Stati che si affacciano al mare da nord verso sud. Fra questi è l'Arabia Saudita a possedere il più grande *terminal* di carico in posizione *offshore*. Si tratta di Ras Tanura, appoggiato, in posizione particolarmente favorevole, su una lingua sabbiosa lunga e stretta dove trovano posto i grandi depositi del greggio e da cui si protendono verso il largo le tubazioni che consentono l'attracco delle petroliere in acque più aperte e profonde [21]. La capacità di movimentazione arriva a sei milioni di barili al giorno, seguita con un valore pari alla metà, da quella del *terminal* di Ras al-Ju'aymah, localizzato poco più a nord in mare aperto. L'emirato del Bahrain dispone degli accosti operativi di Sitra nella sezione nord-orientale dell'isola, mentre il Qatar utilizza l'attracco di Umm Said sulla costa di levante del saliente. Gli Emirati Arabi Uniti infine schierano le infrastrutture di Ruwais, Abu Dhabi e Sharjah lungo il litorale, mentre al largo risultano installati i *terminals* di Dalma, Das Island, Abu al Bu Khoosh, Fateh e Mubarek, tutti dislo-

---

[20] Il repertorio toponomastico esibito dal profilo costiero iraniano e in particolare la posizione geografica precisa delle salienti infrastrutture petrolifere risultano evidenziati in G. SHENASSI, *Islamic Republic of Iran (Jomhuri-ye Eslami-ye Iran). Map No. 173, 1:2.200.000*, Teheran, Karun Printers, 1990.

[21] L'articolazione morfologica, le modalità di aderenza topografica delle infrastruttrue funzionali e le condizioni operative delle manovre di carico sono riscontrabili nella fotografia aerea obliqua presentata da BASSO (1965, p. 60).

cati a breve distanza dal limite internazionale delle acque di giurisdizione [22].

Un ruolo del tutto particolare è poi disimpegnato dal porto petrolifero saudita di Yanbu, attestato sulle coste del Mar Rosso. Geograficamente lontano dal teatro operativo principale, lo scalo risulta strettamente connesso al sistema spaziale del Golfo in quanto rappresenta il punto di sbocco dell'oleodotto teso in senso trasversale da oriente a ponente attraverso il deserto del Neged al centro della Penisola Arabica. Denominata «East-West Crude Oil Pipeline (Petroline)», la conduttura possiede la capacità di convogliare cinque milioni di barili al giorno. Dal punto di vista economico l'imbarco del greggio a Yanbu, a una latitudine posta poco più a nord del passaggio del Tropico del Cancro, comporterebbe un allungamento di cinque giorni sulla rotta per l'Asia e le destinazioni dell'Estremo Oriente, in seguito al forzato superamento dello Stretto di Bab al Mandab dopo un lungo tragitto nel Mar Rosso. Le valenze strategiche dell'oleodotto e dello scalo in questione assurgono però in primo piano se vengono proiettate sullo scenario di una possibile chiusura temporanea o prolungata del passaggio chiave di Hormuz, motivo in base al quale l'opzione rappresentata dal collegamento transarabico diviene realmente di valida portata alternativa.

Fino a oggi comunque la libera circolazione condotta attraverso lo storico passaggio non ha conosciuto incidenti o turbative tali da introdurre contraccolpi di natura irreversibile per gli equilibri mondiali. Considerando il traffico in entrata/uscita va subito fatto rilevare come la seconda corrente sia dominante e risulti monopolizzata da un convogliamento del greggio (15,5 milioni di barili/giorno per il 2000, vedasi l'allegata tabella di analisi comparativa) che si indirizza e ripartisce secondo uno schieramento prefissato di rotte marittime. Tre sono le divaricazioni principali definite immediatamente al di là del «cancello d'uscita» nelle acque aperte dell'Oceano Indiano: la mo-

---

[22] Per la posizione geografica dettagliata dei principali *Oil Loading Terminals* installati sia in posizione costiera (insulare e continentale), sia al largo con profondità non eccedenti i 40 metri, si veda Hydrographic Office, *Strait of Hormuz to Qatar. Scale 1:750.000 at lat 20°*, Taunton (Gran Bretagna), 1990. Un quadro di sintesi a scala regionale viene prospettato dal foglio tematico D.A. BURLES, *Energy Map of The Middle East. 1:5.000.000*, Londra e Gidda, The Petroleum Economist e SAMAREC, 1991.

derna versione della «circumnavigazione dell'Africa»; la via del Mar Rosso per il Mediterraneo; la direttrice dell'Estremo Oriente.

La prima, molto consistente, si rivolge verso sud, piega verso il Capo di Buona Speranza, lo doppia e negli spazi dell'Oceano Atlantico si suddivide per alimentare le importazioni dell'Europa e del Nord America con tutta una serie di percorsi distesi in senso meridiano (GREG, 1983, p. 276). I vettori impiegati per coprire le vaste distanze connesse al complesso itinerario prevedono necessariamente le categorie di massima stazza lorda (VLCC) capaci di trasportare in ogni viaggio sino a 2 milioni di barili di greggio. Nel superamento del saliente australe le unità possono contare sugli scali di appoggio e raffinazione di Durban e Città del Capo, mentre più a nord nel Golfo di Guinea la Nigeria offre una corrente di ulteriore alimentazione convogliata attraverso i porti di caricamento/imbarco di Warri, Bonny e Calabar, strettamente associati alla zona industriale di Port Harcourt, vera e propria «capitale petrolifera» del paese piazzata sul delta del Niger (*Enciclopedia Geografica...*, 1995, pp. 807-814). Più «a valle» nello svolgersi delle linee di rifornimento si inseriscono funzionalmente i *terminals* di sbarco. Negli Stati Uniti l'impianto di accoglienza delle grandi unità petroliere si appoggia al Louisiana Offshore Oil Port (LOOP) con le sue infrastrutture specializzate posate sul fondale al largo della costa. In Europa invece si distacca con forza il ruolo di Rotterdam che attraverso i suoi articolati *Petroleumhaven* poneva in ingresso nel 2001 la quantità di 133.892.000 tonnellate metriche di rinfuse liquide (greggio, derivati e altri), contro un totale di 209.318.000 spettante alle rinfuse nel loro complesso[23], a piena conferma di un ruolo di specializzazione precocemente assunto nel corso della seconda metà del Novecento. Già dagli anni Sessanta infatti il traffico di petrolio assumeva una dimensione largamente dominante sia i flussi in entrata (54,2% del totale) che quelli in uscita con un vistoso

---

[23] Al giro di boa del II millennio lo scalo petrolifero di Rotterdam vedeva rafforzata la propria operatività strategica. Nei tre anni 1999; 2000 e 2001 il totale delle rinfuse liquide movimentate in entrata e in uscita passava rispettivamente da 139.500.000 a 147.800.000 e infine a 150.900.000 tonnellate metriche, con volumi nettamente superiori a quelli raggiunti dalle rinfuse secche e dai carichi generali di vario tipo. È consultabile in merito il sito *www.portofrotterdam.com* (gestito dal Rotterdam Municipal Port Management) con particolare riferimento alla pagina *Port Statistics*.

61,4% (MONTI, 1970, p. 51). Nelle Isole Britanniche è lo scalo di Liverpool a conoscere nel corso degli anni Settanta una netta caratterizzazione della composizione merceologica in funzione degli idrocarburi, piazzati saldamente al primo posto con 12.434.000 tonnellate importate (GRAVES e WHITE, 1976, pp. 40-41). Il carattere strategico della via di circolazione indiano-atlantica per gli assetti e le politiche economiche degli Stati Uniti si evince dal fatto che in questo modo dalla regione del Golfo Persico perveniva nel 2000 il 23,8% del totale delle importazioni di greggio. A titolo di confronto l'Europa dal canto suo veniva ad assumere una dipendenza dal greggio mediorientale che ha mantenuto negli anni percentuali elevate intorno al 42%.

Lungo le coste del Mar Arabico e del Golfo di Aden si porta il flusso di esportazione che valica lo Stretto di Bab al Mandab per entrare nel Mar Rosso e toccare il Canale di Suez, attraverso il quale può raggiungere il bacino del Mediterraneo. Vettori coinvolti in questo caso sono quelli della terza classe operativa: la «Suezmax», riferita ai parametri di larghezza, profondità e percorribilità della via d'acqua in questione. Il pescaggio massimo consentito per le imbarcazioni in transito è infatti di 58 piedi, un fattore gravemente limitante che esclude le categorie VLCC e ULCC delle petroliere. Fra gli scali di appoggio fa spicco, anche sotto il profilo delle vicende storico-coloniali, Aden, oggigiorno luogo di tappa intermedio e punto di caricamento supplementare sulla rotta delle navi-cisterna: le rinfuse liquide risultavano nell'anno 2000 nettamente attestate al primo posto sia fra i termini scaricati (4.746.796 tonnellate) che fra quelli caricati assommanti a 3.479.953 tonnellate e con valori in crescita[24]. Nella funzione di sistema di accoglienza e inoltro di questa corrente di traffico, tutta una pletora di *terminal* di sbarco si dispiega sulle coste del Mar Mediterraneo. Anche l'Italia risulta massicciamente interessata e coinvolta dal fenomeno. Il traffico mercantile nei principali porti scaglionati lungo i 7500 chilometri dello sviluppo costiero italiano evidenzia infatti una fortissima dominanza della componente alimentata dai combustibili

---

[24] Il 2001 faceva registrare rispettivamente 5.262.493 e 3.736.523 tonnellate. La serie statistica comprendente il movimento marittimo e il traffico commerciale dello scalo di Aden, nonché la sua evoluzione storica e i servizi attualmente offerti sono desumibili dal sito *www.portofaden.com* attivato dalle autorità portuali competenti *in loco*.

fossili[25]. Punto di riferimento nell'Adriatico viene a essere il *terminal* di Trieste, caratterizzato dal prevalere deciso della sezione petrolifera che con le sue 34.516.824 tonnellate superava di ben tre volte nel 2000 il totale del porto commerciale[26]. In Francia il grande scalo petrolifero mediterraneo è quello di Fos, inserito nel novero delle sezioni di specializzazione funzionale del porto di Marsiglia, dove gli anni Novanta vedevano «per 3/4 il movimento merci» costituito «dal petrolio» (*Enciclopedia Geografica...*, 1995, p. 388). Dal punto di vista della rilevanza strategica i flussi collegati all'arteria indiano-mediterranea risultano inquadrabili da una serie di dati economici che fanno registrare come questa direttrice corrisponda a un quinto del volume trafficato dallo Stretto di Hormuz, con i 3,2-3,3 milioni di barili al giorno passanti attraverso l'apertura di Bab al Mandab. Questo valore viene ripreso e confermato dai 3,0-3,1 milioni di barili al giorno spettanti al Canale di Suez e all'oleodotto SUMED associato.

Verso levante, la terza ramificazione passa a sud del subcontinente indiano e del Golfo del Bengala diretta allo Stretto di Malacca e allo scalo di Singapore, una tappa basilare al di là della quale si apre a ventaglio un fascio di rotte che va a rifornire le aree produttive dell'Estremo Oriente a partire da Hong Kong per proseguire con Cina, Corea e Giappone. I vettori utilizzati sono le grandi navi cisterna che si inseriscono in un movimento marittimo riconducibile alle 50.000 unità all'anno in transito fra l'isola di Sumatra e la punta della Malacca. Fra gli scali di appoggio, smistamento e ridistribuzione una posizione di indiscusso primato spetta a Singapore. Qui la voce petrolifera con 113.329.400 tonnellate dominava largamente la categoria delle rinfuse, piazzandosi a non grande distanza dalla

---

[25] In merito ai recenti cambiamenti strutturali cui sono andati incontro i principali scali della Penisola nel contesto della riorganizzazione del traffico marittimo internazionale e in particolare per le categorie delle merci trattate, si veda LUCIA (1998, pp. 124-125). L'analisi comparativa riguardante le distinte partite nei singoli impianti di movimentazione viene curata da ASSOPORTI sul sito *www.filtcgil.it* alla intitolazione: *Statistiche sui traffici portuali italiani*.

[26] L'Autorità Portuale di Trieste fornisce i dati aggiornati riguardanti l'attività dello scalo con i dettagli sulle tipologie di carico, la movimentazione delle rinfuse liquide e secche, delle merci in colli e dei carichi *container*. Vedasi in merito all'indirizzo *www.porto.trieste.it*.

tipologia, prevalente nel 2000, dei carichi modulari[27]. In Cina i *terminals* di sbarco vedono distaccarsi la valenza funzionale di Shanghai, che ormai ha raggiunto un avanmare comprendente 500 porti dislocati in quasi duecento paesi, con una recente specializzazione nella movimentazione dei carichi modulari. Insieme a ciò lo scalo rappresenta un centro di afflusso della preziosa materia prima costituita dagli idrocarburi che alimentano consolidati complessi chimici e petrolchimici[28]. In Corea è Incheon, il porto della capitale Seoul, a distinguersi per lo sbarco del greggio, collocato al primo posto fra le importazioni con un valore che si colloca in un ordine di grandezza pari alla terza parte dei volumi complessivi e che distacca largamente le altre voci: derrate alimentari, legnami e minerali ferrosi in ordine decrescente[29]. Il Giappone, con una dipendenza delle sue importazioni petrolifere del 75% nei confronti delle partite in uscita dal Golfo, si dotava per tempo di una flotta cisterniera operante lungo la rotta e pari al 40% del numero totale di unità in servizio, secondo dati riferiti agli inizi degli anni Ottanta[30]. Uno schieramento di tutto rilievo di porti petroliferi si dispiegava lungo la costa meridionale dell'isola di Honshu, a sostenere la successione dei complessi petrolchimici.

---

[27] La movimentazione dei container raggiungeva nello stesso periodo la cifra di 185.857.000 tonnellate corrispondenti a 17.086.900 TEUs. Numero e stazza delle navi in entrata/uscita nello scalo, tipologie e quantità dei carichi trattati, volumi di rifornimenti e servizi per l'assistenza alle unità in transito sono indicati a cura della Maritime Port Authority di Singapore sul sito *www.mpa.gov.sg*.

[28] I progressi e l'attivismo mercantile del porto cinese venivano registrati sotto il titolo *Shanghai Port Sees More Visiting Ships* all'interno delle *News* cinesi fornite all'indirizzo *http: //english.cr.com.cn* dalla CRI Online sul periodo 1998-2002.

[29] In modo significativo l'agosto 2002 attribuiva al greggio il 30% delle entrate contro il 14,6% delle granaglie al secondo posto e il 7.0% dei legnami in terza posizione. Sotto il titolo *Incheon Port posts 16% growth in cargo handling* il sito *www.cyberforwarder.com* riportava il 30 settembre 2002 i dati più aggiornati forniti dall'Incheon Regional Maritime Affairs and Fisheries Office sudcoreano.

[30] Nel 1983 alle petroliere, saldamente piazzate al primo posto, facevano seguito: portarinfuse, minerarie e unità trasporto combustibili liquidi con il 33,2%; navi con carico generico con il 9%; portacontainer con il 4,3%; portaveicoli con il 3,6%; pescherecci e navi fabbrica con il 2,7%; navi passeggeri e traghetti con il 2,6%; altre di genere vario con il 2,4%; metaniere infine con il 2,2% (LANDINI e FABRIS, 1986, p. 139).

Considerando più in dettaglio il quadro delle localizzazioni infrastrutturali, resta evidenziato come, nonostante un recente cedimento percentuale, i carichi di idrocarburi dominino il quadro delle importazioni dirette sullo scalo di Yokohama. Nel 1999 il greggio ricadeva al primo posto fra le partite in entrata (28,8% del totale), mentre il gas naturale liquefatto si assestava in seconda posizione con un netto 11,6%. Il vicino distretto portuale di Hanshin, situato verso sud-ovest sulla medesima fronte litorale e comprendente i poli portuali di Kobe, Osaka, Sakai e del Kansai International Airport, si caratterizzava invece come un complesso di traffico a bassa incidenza di combustibili fossili negli sbarchi, superati dalle rinfuse, dalle merci in genere e dagli imballaggi standardizzati [31]. Le dimensioni di questo circuito sono sottolineate dallo scorrere del greggio attraverso lo Stretto di Malacca, valutabile attorno ai 10,3 milioni di barili al giorno, pari a due terzi del totale in uscita dal corridoio di Hormuz.

Conclusioni, proiezioni e scenari futuri

L'asse di comunicazione marittima fra Golfo Persico e Oceano Indiano ha mostrato nel corso dei secoli una straordinaria continuità di funzione storico-mercantile, pur attraverso il drastico ribaltamento dei ruoli che, da centro del commercio delle droghe, l'ha visto balzare a caposaldo della rotta coloniale per le Indie sino a divenire il vitale canale di scorrimento del greggio verso il Primo Mondo industrializzato. La via d'acqua, contraddistinta dai massimi livelli di rilevanza strategica sullo scenario mondiale, non manca di rivestire un ruolo sensibile anche a scala regionale sul fronte del traffico in entrata nel Golfo Persico e rivolto ai paesi affacciati alla fascia litorale che vi dipendono per mantenere la continuità dei volumi di beni e servizi a sostegno dei propri processi di sviluppo economico. L'apertura verso tenori di vita più elevati di popolazioni per molti versi arretrate e la promozione delle opere di potenziamento infrastrutturale richiedono in-

---

[31] Le *Yokohama Port's Statistics in 1999* riportano le voci dettagliate del traffico commerciale sotto la sigla: *Cargo* e *Container Cargo* all'interno del sito *www.city.yokohama.jp*. Per i movimenti mercantili del raggruppamento portuale incentrato su Osaka si attivi invece l'indirizzo *www.wtcosaka.com* nella sezione: *Value of exports and imports in Hanshin District*.

fatti sostenute correnti di importazione incentrate su risorse, materie prime e derrate alimentari in primo luogo, per proseguire con la gamma di strumentazioni e supporti tecnologici in grado di dischiudere la strada dell'innovazione e delle relazioni di portata globale. Accanto a tali esigenze manifeste non sono mai venuti a mancare nelle ultime decadi del secolo XX indirizzi politici da parte delle classi governanti che in maniera discutibile sono stati rivolti all'acquisto di massicce partite di armamenti. Sulla base di motivazioni diverse e non di rado in contrasto resta quindi prioritaria anche per i paesi affacciati sul Golfo la garanzia che non venga a bloccarsi per qualsivoglia ragione il vitale corridoio di collegamento marittimo con il resto del mondo.

Negli anni più recenti della svolta epocale di fine secolo il moltiplicarsi dei porti sui due golfi: Persico e di Oman, e in particolare le categorie merceologiche dei flussi di importazione, esportazione e riesportazione dei porti di Dubai forniscono un chiaro rendiconto dei livelli di intensità raggiunti dalle due correnti in uscita e in entrata, veicolate attraverso lo Stretto di Hormuz. I bisogni di carattere primario soddisfatti dai carichi generali movimentati nello scalo di Bandar Abbas confermano i precedenti assunti, anche con riferimento al vasto retroterra definito dalla repubblica islamica iraniana.

Al di là della tematica mercantile va rilevato però come il nodo di Hormuz si saldi oggigiorno sempre più strettamente ai grandi focolai di crisi e di tensione storico-politica a scala mondiale.

Da un punto di vista del tutto generale appare evidente che i passaggi inevitabili del traffico marittimo internazionale definiscono punti sensibili di estrema debolezza e vulnerabilità, sottoposti al pericolo di incidenti, collisioni, incagliamenti, versamenti in mare del carico e alla minaccia di incursioni ostili, sabotaggi e attentati, il tutto facilitato dalle condizioni morfologiche del passaggio e dalle difficoltà incontrate dalla navigazione, tali da richiedere modalità di attraversamento legate alla massima cautela e vigilanza.

In un contesto planetario dominato da sempre più pervasivi meccanismi di concentrazione della ricchezza e di sfruttamento delle risorse in chiave monopolistica e oligopolistica, non vi è dubbio sul fatto che le strozzature morfologiche cui vanno incontro i flussi dei rifornimenti essenziali siano destinate a conoscere lo stabilimento di costosi, ingombranti apparati di controllo di natura poliziesco-difensiva. Tutto questo non fa che confermare l'instabilità di un sistema economico e geopolitico che evita di fondare le sue basi su un numero allargato di fonti energetiche, mentre vede aumentare il suo grado di dipendenza dagli assi di transito forzato di quelle che si continua a voler privilegiare in modo dominante se non esclusivo. Lo Stretto di Hormuz non sfugge a tale complesso tematico, anzi ne evidenzia tutte le contraddizioni stridenti.

Le prerogative strategico-militari del varco si sono fatte sempre più preponderanti nel corso degli anni, per finire col trascendere il solo significato commerciale della via d'acqua, assurta nel XX secolo a principale collo di bottiglia dei flussi petroliferi e chiaramente additata già prima dell'11 settembre 2001 quale settore sensibile da vigilare con assoluta priorità nel quadro dei rifornimenti energetici sullo scacchiere mondiale. Gli attacchi esplosivi a New York e Washington hanno provocato una sofferenza di massa di fronte ai timori di incombenti minacce terroristiche. Cresce così la percezione collettiva del rischio di azioni contro le popolazioni civili, mentre gli aumentati allarmi per possibili attentati alla sicurezza dei centri nevralgici d'interesse dell'Occidente sviluppato coinvolgono anche le direttrici del traffico energetico internazionale, per le quali risulta sempre più invocato un innalzamento del livello di guardia e quindi un potenziamento del dispositivo bellico di protezione.

Ma il circuito del petrolio presenta infrastrutture terrestri pesantemente afflitte dal fattore di lunghezze valutabili in termini continentali, mentre le rotte marittime debbono dipanarsi attraverso percorsi disseminati di strettoie insidiose. Conseguentemente il ramo industriale e i servizi specializzati nel fornir sicurezza impongono costi economici crescenti, mentre le spese militari e le ipoteche politiche si fanno sempre più vincolanti, dominanti e costrittive. Appare evidente in modo irrefutabile come tutta questa congerie di linee di tendenza vada a detrimento di una più equa distribuzione della ricchezza in un ambito socio-demografico allargato a scala intercontinentale.

In una simile congiuntura storica il riaccendersi degli interessi coagulati attorno allo Stretto di Hormuz richiama una inedita riproposizione dei conflitti su base geografica legati all'impossessamento dei nodi strategici di traffico. Ancora una volta l'assetto geopolitico di un settore cardinale resta in bilico fra conflittualità endemica, militarizzazione o affidamento a un regime giuridico-diplomatico ispirato alle norme del Diritto Internazionale.

LO STRETTO DI MALACCA

La chiave di volta del lontano Levante

I processi di differenziazione spazio-funzionale operativi nell'ambito di domini gravitanti sulla stesura dei fasci di rotte nautiche sono destinati a trovare difficoltosi punti di strozzatura e rallentamento in particolari condizioni morfologiche intimamente connesse alla morfologia dei profili litorali, ma proprio le risposte organizzative nelle situazioni di strettoia si attivano per creare una potente concentrazione infrastrutturale in funzione dell'intensificazione dei flussi, laddove si configuri un passaggio obbligato del traffico marittimo internazionale. Le dinamiche politico-mercantili risultanti finiscono quindi con l'ingenerare particolari forme di articolazione territoriale in stretto rapporto con le linee di navigazione e trovano negli scali portuali i propri nodi di raccordo privilegiati, mentre gli spazi marini e terrestri rientranti nella sfera d'influenza del sistema divengono oggetto di rivendicazione, contesa ed impossessamento sulla base delle risorse e dei motivi di interesse esibiti.

La rilevanza economica, le connessioni politiche e le valenze militari dello Stretto di Malacca quale canale di collegamento fra gli oceani Indiano e Pacifico risultano definite con largo anticipo prima che gli occidentali raggiungano l'Estremo Oriente in qualità di viaggiatori all'inizio[1], successivamente di esploratori[2], e infine di conqui-

---

[1] Nell'anno 1292 Marco Polo effettua il passaggio dello Stretto, visitando anche l'isola di Sumatra. Come molti altri dopo di lui, nell'occasione può verificare che l'operazione di attraversamento comporta serie difficoltà: «E non v'à se non .iiij. passa d'acqua, e non si porta timone a le navi per l'acqua piccola, onde si convegnono tirare le navi» (POLO, 1994, p. 243). La regione comunque è molto produttiva: «Tutti loro boschi sono di legni olorosi» e nella città di Malavir, situata su un'isola di fronte all'imboccatura meridionale del corridoio marino, «si fae grandi mercatantie d'ogni

statori. In particolar modo, l'estremità meridionale della penisola di Malacca viene a determinare molto per tempo localizzazioni insediative in grado di esercitare lo stretto controllo del passaggio e delle correnti di varia natura, materiale, psico-intellettuale e informativo-culturale che lo percorrono.

La scansione degli eventi di matrice geostorica

L'abbondanza di reperti risalenti al Neolitico conferma tutto il carattere di antichità delle manifestazioni antropiche attestate nel settore (*Enciclopedia Italiana...*, 1951, XXI, p. 981), mentre la varietà tipologica degli stessi indica gli stretti rapporti stabiliti già in tempi lontani col mondo arcipelagico situato a oriente, ai bordi del Mar Cinese Meridionale.

---

cosa; di spezie à grande abondanza» (*ibidem*, pp. 243-244). In un secondo tempo, fra il 1345 e il 1346, anche gli itinerari dell'infaticabile viaggiatore arabo Ibn Battuta si riannodano allo Stretto, utilizzato quale luogo di tappa sulla direttrice della Cina. Prima di preseguire effettuerà una sosta a Samudra, il principale «centro delle attività commerciali» posto sulle coste orientali dell'isola di Sumatra; la località appare destinata a lasciare profonda traccia nella toponomastica regionale, perché in seguito «diede il nome a tutta l'isola» (DUNN, 1998, pp. 312-313; 320).

[2] Il cronista italiano Antonio Pigafetta nel suo resoconto di viaggio al seguito della prima spedizione di circumnavigazione del globo ha modo di descrivere le difficili condizioni nautiche che ostacolano la percorribilità dell'angusto passaggio marino disteso fra il Mar delle Andamane e il Mar Cinese Meridionale. Parlando di un galeone portoghese pesantemente armato al comando di Francisco Faria annota come «tampoco llegó a su destino, porque a causa de los bajos fondos y las corrientes de la costa de Malaca, como de los vientos contrarios, no pudo rebasar aquel promontorio y se vio obligado a retroceder» (WALLS Y MERINO, 2001, p. 109). In ogni modo la flottiglia spagnola, non più guidata da Magellano, non passerà per lo Stretto di Malacca, perché era giunta notizia che i portoghesi, ormai da tempo insediatisi in forze nel settore, avrebbero cercato di intercettarla per bloccare un'impresa che minacciava le loro posizioni ivi acquisite. Così, una volta raggiunta l'isola di Timor: «El martes 11 de febrero de 1522, por la noche, salimos de Timor y entramos en el gran mar llamado Laut-Chidol; hicimos rumbo al OSO, dejando a la derecha, hacia el Norte, la isla de Sumatra, para rehuir encuentro con los portugueses» (*ibidem*, p. 132). Prima di addentrarsi nell'Oceano Indiano, nel corso della navigazione attraverso i labirinti insulari dei mari delle Molucche e di Banda gli spagnoli avevano comunque avuto ampiamente modo di verificare la ricchezza e la varietà raggiunte dalla produzione delle spezie, cannella e chiodi di garofano in primo luogo.

Sarà in rapporto al florido e duraturo commercio delle sostanze aromatiche vegetali che la regione peninsulare a sud dell'Istmo di Kra dimostra pienamente la sua dimensione operativa quale centro logistico di raccolta e concentrazione delle preziose merci in arrivo dalle Molucche e dai vari distretti produttivi sparsi all'interno dell'arco della Sonda. Significativo a tal riguardo è il soggiorno di Marco Polo che fa tappa nell'isola di Sumatra, indicata con l'appellativo di «Iava la minore», sulle cui coste orientali si disponevano all'epoca i principali approdi portuali controllati da tutta una serie di potentati locali: «Sapiate che su quest'isola à .viij. re coronati... Qui à grande abondanza di tesoro e di tutte care spezie» (POLO, 1994, p. 244). Dopo aver indicato la posizione geografica dell'isola «è tanto verso mezzodie che la tramontana non si vede, nè poco nè assai» fa un preciso riferimento al ruolo chiave detenuto dal settore nel condizionare l'avvicendarsi delle diverse fasi culturali storiche sulla scorta dei flussi di traffico mercantile: «Sapiate che, perché mercatanti saracini usano in questo reame co lor navi, ànno convertita questa gente a la legge di Maomet» (ibidem).

La fondazione di Malacca avverrà poco dopo, nel corso del XIV secolo, a opera di popolazioni di ceppo malese provenienti dalla vicina Sumatra (Enciclopedia Italiana..., 1951, XXI, p. 981). L'evoluzione storica del centro resta strettamente legata alla sua cruciale localizzazione, affacciata al canale di scorrimento marittimo, finché non sarà eclissata agli inizi dell'Ottocento dall'astro nascente di Singapore, fondata, sempre dai Malesi nel 1160. Anche in questa vicenda costituisce un fattore propulsore la penetrazione economico-mercantile e religioso-culturale del mondo islamico, a porre salde radici e a valorizzare il ruolo di Malacca quale principale «stazione commerciale» (ibidem, p. 980). In tempi più recenti le postazioni-chiave del settore vedranno convergere l'interesse degli europei (portoghesi nella primissima fase, olandesi, francesi ed inglesi nella successiva corsa all'edificazione dei vasti sistemi di potere coloniale) in quanto rappresentano le porte di accesso ai distretti di provenienza di ogni sorta di esotici prodotti. Già nel corso della spedizione di Vasco de Gama, culminata il 20 maggio 1498 con l'arrivo di fronte alle coste occidentali del sub-continente indiano, vengono registrate indicazioni in merito alla vivacità mercantile dello scalo denominato Malacca, importante per le esportazioni di chiodi di garofano e autentica «cerniera dei tre mondi» raccordata con le principali articolazioni regionali dell'Asia [3]. Pochi anni più tardi è l'italiano Ludovico De Varthema da Bologna a compiere direttamente la navigazione protesa fra il Golfo del Bengala con i suoi porti fluviali e lo stretto (BAROZZI, 1996, pp. 162-163). Giunto nella fiorente città di *Malacha* il viaggiatore ha modo di verificare la febbrile attività dell'emporio mercantile, cui affluiscono una enorme quantità e una ampia varietà di carichi veicolati dall'intenso movimento marittimo che vi si registra: «e veramente credo che qui arrivano più navilii che in terra del mondo, e massime perché qui vengono tutte le sorti di spezie e altre mercanzie assaissime» (Barthema in RAMUSIO, 1978, I, p. 858). Il traffico commerciale comprende le più tipiche merci del repertorio asiatico, cui si aggiungono i legni odorosi e il minerale stannifero: «Qui si trova gran quantità di sandolo e di stagno» (*ibidem*). Dalla descrizione del bolognese risalta con evidenza la predominanza della funzione portuale del sito e insieme si rende manifesto quel carattere, storicamente rilevante, di base di smistamento dei diversi prodotti provenienti dalle regioni del retroterra continentale.

La continuità di tale valenza operazionale esce confermata da testimonianze successive di viaggiatori che vengono prodotte nella seconda metà del Cinquecento, quando verrà fatto rilevare come attive ricerche di chiodi di garofano e di noci moscate risultino condotte da parte di unità della flotta di base *in loco* (BAROZZI, 1996, p. 183). La posizione geografica favorita e il ruolo nodale della Malacca nel sistema delle rotte dell'Oceano Indiano risultano sottolineati in occasione dell'inizio del viaggio di ritorno in patria del Varthema. Questi parte infatti dal porto dello Stretto per seguire il consueto itinerario che si ricollega alla costa indiana orientale passando per le disseminazioni insulari poste lungo il tragitto in forma di arco fra Sumatra e il delta dell'Irrawaddy a delimitare il Mare delle Andamane (*ibidem*, pp. 192-193).

---

[3] Per una dettagliata ricostruzione del ruolo funzionale svolto dalla Penisola di Malacca nel corso del Cinquecento, con ampi riferimenti alla ricorrente riproposizione-ridefinizione della sua immagine cartografica e letteraria, si veda MASETTI (2001, pp. 71-96).

I portoghesi non mancheranno di avviare le manovre navali necessarie per conseguire l'impossessamento del sito. Un primo tentativo fallito di conquista si deve al portoghese Diogo Lopes de Siqueira già nel 1508, a breve distanza di tempo dal passaggio del Varthema. Tre anni più tardi il vigoroso attacco della flotta di Alfonso de Albuquerque permette a Lisbona di occupare la piazzaforte nel quadro delle proiezioni offensive miranti alla padronanza monopolistica dei flussi delle pregiate merci (NEWBY, 1976, p. 80). L'importante funzione strategica esercitata dalla *Malacha Civitas* nell'ambito del dispositivo militare lusitano a guardia delle rotte che conducono alle fonti dei lucrosi commerci non manca di avere significativi riflessi nella produzione cartografica (fig. 8) e nella cultura geografica occidentale dell'epoca, ormai sempre più rivolte verso l'Asia e il Levante [4].

---

[4] La percezione europea dei mari dell'Estremo Oriente comincia a delinearsi nel corso del XVI secolo in seguito alla prima frequentazione lusitana dei lontani domini produttori dei carichi di spezie. Già il *mapa mundi* di Diego Ribero (1529), della Biblioteca Apostolica Vaticana indica in modo preciso la posizione e l'orientamento dello Stretto che separa l'isola di *CAMATRA* dalla porzione meridionale del *REGNO DE ANSIAN* e che collega il *SINUS GANGETICUS* con il *SINUS MAGNO*, a sud del quale cominciano a profilarsi le terre dell'arcipelago indonesiano. Derivato dalla fitta serie di operazioni navali e terrestri che agli inizi del Cinquecento marca la penetrazione portoghese nel settore e la conquista dei caposaldi militari di supporto tattico (NEBENZAHL, 1990, pp. 92-95), il documento costituisce la fonte della produzione cartografica successiva. Nella carta dell'«Oltre Suez» secondo Battista Agnese (1553), contenuta nell'atlante manoscritto conservato al Museo Civico Correr di Venezia, l'importanza strategica del braccio di mare che mette in comunicazione il Golfo del Bengala con il Mar Cinese Meridionale è sottolineata dalla presenza della *MALACHA CIVITAS* attestata in fondo alla penisola dell'*AUREA CHERSONESUS*, di tolemaica memoria, a oriente della *TAPROBANA INSULA NUNC SAMATRA*. La derivazione dai tipi portoghesi risulta confermata dalla minuziosa annotazione di isole, isolotti, secche e bassofondi sabbiosi costituenti di volta in volta appoggio o minaccia per la navigazione (BATTISTI, 1995). Il successivo *Indiae Orientalis Insularumque Adiacentium Typus* estratto dal *Theatrum Orbis Terrarum* di Abraham Ortelius (1570) illustra con dovizia di dettagli l'intero spiegamento degli archi vulcanici a festone che dall'arcipelago della Sonda si spinge attraverso le Filippine sino al Giappone a Nord del *Tropicus Cancri*. Il varco dello Stretto di Malacca è raffigurato nella complicazione delle emersioni che lo costellano, mentre anche nel Mar Cinese Meridionale compare una disseminazione di isole minori in rapporto alla *Borneo insula* (ROMERO e BENAVIDES, 1998, pp. 98-99). L'isola di Formosa non vi compare, mentre un'unico arco ingloba l'allineamento corrispondente alle Ryukyu e alla grande estensione sub-rettangolare di *IAPAN*. Una simbologia fitta e non sempre convenzionale di punti dispiegati lungo la stesura del profilo costiero cinese orientale e sud-orientale indica la variegata serie dei motivi di difficoltà opposti alle manovre navali di accostamento e attracco.

FIGURA 8
LO STRETTO DI MALACCA NELLA CARTA LAS INDIAS ORIENTALES
di Lopo Homem y Pedro Reinel (c.a 1519)

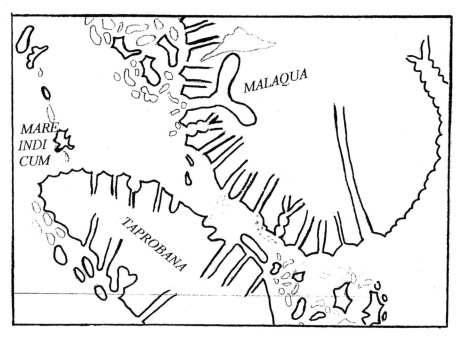

(Disegno e repertorio toponomastico semplificati)

In seguito Malacca passerà più volte di mano, a piena conferma della competizione serrata che viene promossa per favorire la conquista e lo sfruttamento dei nuovi territori destinati a diventare parte degli imperi coloniali in via di affermazione[5]. Dapprima saranno forze olandesi a imporre la propria iniziativa e a infrangere la fragile cintura protezionistica stabilita da Lisbona nel corso del Cinquecento. A partire dal 1602, data di nascita della Compagnia delle Indie Orientali: «I tradizionali caposaldi portoghesi di Cochin, in India, di

---

[5] In merito alle motivazioni che spingeranno nel corso dei secoli XVI, XVII e XVIII le varie corti d'Europa a lanciare imprese di esplorazione geografica nell'ambito delle nuove «estesissime masse continentali» disponibili, si veda FERRO (1987, pp. 11-14).

Ceylon, della Malacca cadono gli uni dopo gli altri. Il traffico marittimo del Portogallo è spazzato via dall'Asia» (SPINI, 1963, II, pp. 245-246). Le due isole principali di Sumatra e Giava vengono occupate, mentre il 30 maggio 1619 viene fondata Batavia (localizzata sulla costa nord-occidentale della seconda, sulla prosecuzione diretta della navigazione proveniente dallo Stretto di Malacca), quale capitale delle Indie Olandesi, a suggello della ventata offensiva e della costituzione della nuova sfera di possedimenti coloniali. Un porto naturale protetto da diciassette isolotti favorisce l'espansione commerciale dello scalo associato alla nuova sede amministrativa (*Enciclopedia Italiana...*, 1949, VI, pp. 371-372), mentre le vicende bellico-insediative favoriscono, come naturale conseguenza, l'approfondimento della conoscenza geografica della vasta regione arcipelagica [6]. Dal canto suo Malacca verrà occupata per la prima volta dalla Gran Bretagna alla fine del Settecento. Nello svolgimento della gara coloniale anche i francesi, attraverso l'attività della *Compagnie de Chine* (fondata nel 1709) e della *Compagnie des Indes*, nonché in rapporto alle operazioni nell'Oceano Pacifico (NEWBY, 1976, p. 130), si ritrovano a servirsi dell'importante via d'acqua [7] fianco a fianco con le marinerie rivali e concorrenti. Malacca ricade di nuovo sotto il vessillo dei Paesi Bassi nel 1815, ma è infine la Compagnia Inglese delle Indie a prenderne possesso nel 1824, per cederla solamente alla Corona di Sua Maestà (*Enciclopedia Italiana...*, 1951, XXI, p. 978).

---

[6] Un deciso addensamento di particolari compare nell'*Asia noviter delineata* pubblicata da Willem Blaeu (1617), dapprima edita separatamente e successivamente inserita in compilazioni posteriori a partire dal 1630 (*Gran Atlas...*, 2000, pp. 190-191). Numerosi centri si dispongono lungo le coste occidentali e orientali della penisola di Malacca; a sua volta il Mar Cinese Meridionale appare chiaramente compreso e compresso fra il Sud-est asiatico, l'Indonesia e le Filippine, mentre l'annotazione di isole e arcipelaghi al suo interno (fra cui *El Pracel* corrispondente alle *Paracel Islands*) e la puntinatura in nero indicante gli spazi marini affetti da bassi fondali dimostra la crescente conoscenza del settore realizzata sulla scorta dell'infittirsi dei traffici mercantili.

[7] L'interesse francese per la navigazione all'interno dello stretto passaggio di mare è documentato dal *Plan Particulier du Détroit de Malaca / Avec une partie de la Coste du ouest de Sumatra / jusqu'à la Ligne Equinoctiale*, inserito all'interno del *Neptune Oriental* (1745) che annota in dettaglio direzioni, morfologia costiera e andamento del fondale (PRESCIUTTINI, 2000, p. 64, scheda 50) come appoggio alla navigazione attraverso le strategiche, ma pericolose acque.

Nell'ambito del sistema coloniale di potere britannico è però Singapore la località destinata a costituire il polo principale di gravitazione economico-mercantile e politico-amministrativa, riducendo a un ruolo assolutamente subordinato tutti gli altri centri del quadro regionale. Come Hong Kong negli stessi anni e nella medesima fase storica di sviluppo dell'impero d'oltremare, anche Singapore uscirà dall'anonimato più completo per conoscere un processo di crescita esplosivo sotto la gestione inglese, consapevole delle enormi potenzialità militari ed economiche del sito. «La città del leone», secondo l'antica denominazione assegnatale nel corso dei movimenti di colonizzazione provenienti da Sumatra (*Singapore...*, 1980, p. 1), non viene menzionata né da Marco Polo, né da Ibn Battuta nel corso dei due viaggi che li portano ad attraversare lo Stretto di Malacca provenendo da opposte direzioni, ma sempre passando in modo obbligato nelle vicinanze e senza rilevare nulla che fosse degno di una segnalazione.

Come già sottolineato, l'avvio della presenza britannica in forze e quindi delle fortune di Singapore risale agli inizi dell'Ottocento. Nel 1819 vi arriva *sir* Thomas Stamford Raffles a fondare una filiale della Compagnia delle Indie Orientali su terreno preso in affitto dal governatore di Johore, insediato sotto il profilo territoriale immediatamente più a nord, all'estremità della penisola di Malacca.

Il possesso perpetuo arrivò in un secondo tempo dietro il pagamento di un compenso di 30.000 dollari (*Enciclopedia Italiana...*, 1951, XXI, p. 844). Nel 1826 vengono aggregati i tre staterelli di Penang, Malacca e Singapore (rispettivamente in ordine da nord-ovest verso sud-est), strategicamente piazzati lungo lo sviluppo longitudinale dello Stretto e caratterizzati da diversi motivi di rilevanza economica, comprendenti lo sfruttamento delle abbondanti risorse locali e le attività mercantili. L'ordinamento amministrativo conseguente viene a essere inquadrato nei cosidetti *Straits Settlements*. La produzione cartografica inglese avrà presto modo di sottolineare la posizione-chiave delle nuove acquisizioni territoriali[8]. Nel 1867 intervie-

---

[8] Iniziativa editoriale di grande successo e diffusione, intesa come opera di divulgazione geografica ed enciclopedica per un pubblico britannico degli anni Cinquanta dell'Ottocento sempre più a contatto con le vaste e dilatate realtà degli spazi continentali extra-europei in seguito alla vertiginosa espansione dell'impero colonia-

ne direttamente il governo di Londra e i tre stabilimenti assurgono al rango di colonia della Corona di Sua Maestà Britannica, destinata a divenire la principale piazzaforte navale in Estremo Oriente. Due anni piu tardi, l'apertura del Canale di Suez fa decollare nuovi volumi di traffico da e per l'Oriente, un evento storico-mercantile di cui Singapore non manca di avvantaggiarsi attraverso l'immediata acquisizione di un nuovo ruolo come crocevia delle rotte asiatiche e mondiali. In questa fase un massiccio fenomeno immigratorio proveniente dalla Cina fornisce la manodopera necessaria alla crescita urbana.

Gli inizi degli anni Trenta del Novecento vedono lo scalo ben posizionato quanto a importanza e attivismo in rapporto ai concorrenti del quadro regionale, grazie alle 7.065 navi entrate pari a 14.631.765 tonnellate [9]. Nella stessa fase, tre anni più tardi, la popolazione viene a raggiungere la consistenza numerica di 525.000 abitanti, «di cui 391.000 erano Cinesi, 68.000 Malesi, 42.000 Indiani, 8.300 Europei, e 7.100 Eurasiani» a disegnare un quadro etnico estremamente cosmopolita (*Enciclopedia Italiana...*, 1951, XXI, p. 845) dove l'elemento occidentale si presenta in una piccola ma dominante minoranza. Durante il secondo conflitto mondiale, dal 1942 al 1945, Singapore viene occupata dalle forze giapponesi come caposaldo strategico di uno

---

le, *The Illustrated Atlas and Modern History of the World. Geographical, Political, Commercial & Statistical* della casa editrice londinese J. Tallis & Co. abbina efficacemente carte geografiche e pagine-commento di descrizione regionale. In merito alla situazione amministrativa caratterizzante il passaggio marittimo, la tavola *Malay Archipelago or East India Islands* fa osservare: «Hay tres establecimientos británicos colidantes con el estrecho de Malaca: Singapur es importante por su comercio, con un tráfico marítimo de casi 10.000.000 libras; el establecimiento de Malaca tiene menos comercio pero los recursos son numerosos; Penang es una bella isla montañosa, que produce en abundantes especias y azucar» (POTTER, 1990, pp. 110-111).

[9] Nello stesso anno solo Shangai superava Singapore sia come numero di navi in ingresso: 10.812, che come tonnellate: 18.979.568. Altri porti disposti lungo la stessa linea di navigazione facevano registrare un tonnellaggio navale inferiore, anche se alcuni casi raccoglievano un numero maggiore di natanti legato alle minori stazze, dimensioni e capacità di carico. Così Batavia con Tandjoeng Priok aveva un movimento marittimo di 5.457 unità per 4.908.851 tonnellate. I valori di Hong Kong assommavano rispettivamente a 3.604 con 102.116; quelli di Osaka a 11.185 con 7.392.896; quelli di Kobe a 20.373 con 10.463.452. L'insieme dei dati statistici riferiti agli anni 1929, 1931, 1933 e riguardanti quarantanove fra i maggiori porti del mondo è disponibile in *Enciclopedia Italiana...* (1951, XXVIII, p. 22).

sforzo bellico che punta verso la Birmania e l'India, anche allo scopo di realizzare l'accerchiamento del territorio cinese (SPINI, 1963, III, p. 432). Nel 1946 la sconfitta del Giappone consente il ritorno sotto l'egida della Corona britannica, accompagnato dal conseguimento di uno *status* coloniale proprio. Successivamente Singapore ottiene l'autogoverno, nel 1959, per inserirsi quattro anni più tardi nel soggetto politico di nuova definizione costituito dalla Federazione della Malaysia. Nel 1965 infine se ne distacca per divenire una repubblica autonoma associata al Commonwealth (*Enciclopedia Geografica...*, 1995, p. 950) e l'anno seguente fa seguito la proclamazione della Repubblica (LANDINI e FABRIS, 1986, p. 94).

In rapporto a questi sviluppi politici il processo di espansione economica si fa rampante nel corso degli anni Sessanta e Settanta, quando Singapore si inserisce nel novero dei cosidetti Paesi di nuova industrializzazione (*Newly Industrializing Countries*) grazie al rapido potenziamento dell'apparato produttivo in stretta sinergia con le funzioni portuali[10]. La posizione nodale nell'ambito dei flussi di traffico internazionale alimenta un crescente richiamo nei confronti delle imprese multinazionali, che sempre più numerose vengono a scegliere Singapore quale base operativa. Nel corso degli anni '90 giungeranno ad assommare a trecento, con un ingente apporto di investimenti di origine statunitense (42%), giapponese (28%) ed europea per il 17% (*Enciclopedia Geografica...*, 1995, p. 951).

Singapore rappresenta oggigiorno uno dei nodi mondiali di concentrazione di quei processi di sviluppo spazio-funzionali che sempre più si rendono protagonisti dell'accelerata, bruciante dinamica planetaria di inizio millennio.

La navigazione nello Stretto di Malacca

Ubicato fra la Penisola di Malacca e l'isola di Sumatra, lo Stretto si estende da nord-ovest, dove si apre sul Mar delle Andamane e

---

[10] In merito agli intensi fenomeni di sviluppo economico dei «paesi neoindustrializzati» dell'Asia orientale e sud-orientale, portatisi a tassi di crescita medi annuali oscillanti attorno al 5-9% prima della penultima decade del XX secolo, si veda DADZIE (1980, p. 16).

l'Oceano Indiano, verso sud-est, sino a sfociare in corrispondenza del Mar Cinese Meridionale e del Mar di Giava.

Le dimensioni spaziali si allargano sino a comprendere una lunghezza complessiva che tocca i mille chilometri (la metà se si considera soltanto la sezione più stretta), con una ampiezza che aumenta progressivamente a partire dal valore minimo di ventisette chilometri.

La natura del fondale è dominata dallo sviluppo delle barre sabbiose ingenerate dalle forti correnti di marea che attraversano il corpo d'acqua[11]. Due tipi di accumulo possono essere distinti. In primo luogo vi sono quelli trasversali (posti ad angolo retto con la direzione dominante dei flussi mareali) con una altezza media oscillante fra i quattro e i sette metri, che però può raggiungere un valore massimo di tredici metri come accade in corrispondenza dello One Fathom Bank, localizzato all'imboccatura settentrionale del tratto di massimo restringimento (2° 53' N; 101° 00' E). Le caratteristiche idrografiche del bacino fanno sì che la «lunghezza d'onda» pertinente al fenomeno sia compresa fra i 250 e i 450 metri. Il secondo tipo morfologico riguarda le creste sabbiose longitudinali che corrono sul fondo in direzione parallela ai moti di marea. La diminuzione della profondità collegata a tutto il complesso delle elevazioni mobili del fondale non manca di introdurre seri problemi per le navi di maggiore pescaggio. Tre settori rappresentano in modo particolare un ostacolo per la navigazione di cui tenere obbligatoriamente conto. Oltre al già citato banco sommerso attestato nel braccio di mare Permatang Sedepa vi sono le acque antistanti il promontorio di Tanjung Tuan (2° 24' N; 101° 51' E) nel punto di massima strozzatura e infine l'area di Muar a 2° 03' N, di fronte alla costa malese.

La morfologia irregolare dei fondali con la ricorrenza di secche e settori vari a bassa profondità, il proliferare delle unità a grande pescaggio e l'intensificarsi del traffico navale hanno reso necessarie la definizione e attivazione di percorsi di transito caratterizzati da mag-

---

[11] «Strong tidal streams in the Malacca Strait, arising from the water exchange between the Indian Ocean and the South China Sea, cause large uniform sandwaves on the seabed». In merito alle caratteristiche mareografiche della via d'acqua, alle infrastrutture di cui è dotata e alle misure di sicurezza adottate in appoggio al traffico navale, si veda la carta nautica pubblicata a cura degli uffici idrografici del Regno Unito, Indonesia, Malaysia e Singapore (*Mariners'...*, 2001).

giori battenti d'acqua (*Deep Water Routes*) da seguire rigorosamente nel corso della navigazione. Più in dettaglio, allo scopo di ridurre al minimo il rischio di collisione, all'interno dello Stretto è stato avviato un piano di transito basato sull'attivazione di fasce funzionali sottoposte a regimi di scorrimento differenziati. La sicurezza della navigazione resta inoltre affidata alla redazione di tutta una serie di regole di manovra che le unità debbono rigorosamente osservare mentre procedono. Particolare e stretta attenzione deve essere prestata al rispetto dei limiti divisionali laterali, soprattutto in fase di sorpasso, che comunque si dà per sconsigliato, anche se non vietato del tutto.

Una menzione particolare viene rivolta alle contromisure in vigore per fronteggiare la storica piaga della pirateria. Dal 1993 gli attacchi armati si sono ridotti a pochi incidenti all'anno, grazie agli sforzi combinati degli Stati litoranei coinvolti nella gestione della rotta. Oggigiorno un centro operativo con sede a Kuala Lampur cura la raccolta della documentazione riferita ai casi registrati di furti ed estorsioni in mare, per trasmettere poi gli avvisi o gli allarmi del caso a tutti gli utenti interessati.

Per quanto riguarda in dettaglio la zonizzazione navigatoria, dalla costa della penisola malese verso sud-ovest e l'isola di Sumatra si possono distinguere in successione una zona di traffico sottocosta, due corsie di movimento unidirezionale (*one way traffic lanes*: la prima verso nord-ovest e l'Oceano Indiano, la seconda verso sud-est e Singapore) e infine due zone di separazione allineate in senso parallelo ai termini precedenti (fig. 9). Nove settori vengono poi distinti in senso longitudinale a partire dall'imboccatura nord-occidentale del tratto di minima ampiezza, compreso fra i valori di longitudine 100° 40' e 104° 23' E: 1) Angsa (a 3° N); 2) Jugra (a 2° 40' N); 3) Cape Rachado (a 2° 10' N); 4) Undan (1° 50' N); 5) Segeting (1° 30' N); 6) Piai, posto allo sbocco meridionale del passaggio. Fanno seguito senza denominazione particolare il settore 7, posto immediatamente a sud-ovest dell'isola di Singapore, il settore 8 a sud-est della medesima e infine il nono, ormai posizionato di fronte al Mar Cinese Meridionale.

Le due corsie di traffico unidirezionato toccano quattro principali aree marine interessate da eccezionali misure precauzionali (*precautionary areas*), dove è previsto e consentito il passaggio incrociato da parte di natanti che percorrono il bacino nel senso della sua ampiezza.

FIGURA 9
SCHEMA NAUTICO DI SEPARAZIONE DEL TRAFFICO MARITTIMO ENTRO LO STRETTO DI MALACCA

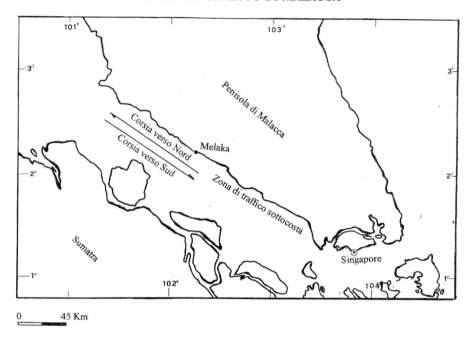

Fonte: AA.VV., *Mariners' Routeing Guide, Malacca and Singapore Straits*, Taunton-United Kingdom, Crown Copyright, 2001 (adattato e modificato).

I vari mezzi di navigazione in transito lungo la direttrice di percorrenza longitudinale, quella nord-ovest/sud-est, dovranno mantenere la massima vigilanza ed efficenza operativa nell'avvicinarsi a questi punti di svolta, tenendosi pronti a effettuare tutte le manovre che di volta in volta la situazione possa richiedere.

Le aree di maggior rilievo ricadono fra i settori 1 e 2; 2 e 3; 3 e 4; e all'interno del settore 7, immediatamente a ridosso della rada portuale di Singapore. All'interno di tale ripartizione è operativo un sistema di controllo radio (*Mandatory Ship Reporting System*, noto *in loco* come STRAITEP) che fra le sue finalità si prefigge la scorrevolezza del traffico navale, la garanzia della sicurezza nella navigazione, la protezione dell'ambiente marino e il pronto intervento in caso di incidente con riferimento particolare allo spargimento di idrocarburi.

Una rigorosa classificazione basata sulla stazza, la lunghezza e il tipo di carico del naviglio individua le tipologie di vettore che rientrano entro la gestione del sistema operativo, con i corrispondenti obblighi di conformarsi alle normative previste. Tale complessità delle infrastrutture di appoggio e dei sistemi tecnici volti a garantire le operazioni di transito risponde in tutto e per tutto sia ai numerosi ostacoli di natura idrografica, sia al carattere di base economica vitale che la rotta riveste per molti Stati del quadro regionale asiatico a essa direttamente associati.

Poche cifre bastano per evidenziare l'autentico ruolo strategico di quella che si pone fra le vie d'acqua che più peso, e non solo economico, posseggono a scala mondiale. Con riferimento ai movimenti marittimi registrati all'avvio del XXI secolo, il mese di luglio del 2002 faceva registrare 221 petroliere in transito attraverso il Canale di Suez contro le 1.427 pervenute in rada a Singapore. Il motivo della preminenza assoluta della rotta del Sud-est asiatico in rapporto agli imprescindibili rifornimenti di greggio nei vari ambiti dello scacchiere mondiale si fa ancora più manifesto se viene preso in considerazione il fatto che nel corso di tutto l'anno precedente il Canale di Panama aveva rilevato complessivamente 1.359 navi-cisterna di passaggio nei due sensi opposti rivolti all'Atlantico e al Pacifico[12]. Né si tratta solamente di una valenza di natura commerciale, perché la linea di navigazione rientra pure nel quadro operativo delle manovre navali militari statunitensi. In questo senso infatti viene a essere utilizzata quale anello di raccordo fra le unità assegnate alle basi del Pacifico e le forze schierate nell'Oceano Indiano col compito precipuo di condurre la sorveglianza attorno al Golfo Persico.

Appare evidente come in un sistema planetario completamente infeudato alla dipendenza energetica dalle fonti di idrocarburi, la rotta in questione leghi tutto il suo peso allo scorrere ininterrotto dell'«oro nero», una urgenza che è in grado da sola di porre in secondo piano tutte le altre tipologie di carico, per quanto consistenti e pregiate possano essere.

---

[12] L'esauriente e aggiornato panorama documentale riferito ai flussi mercantili attraverso le tre vie d'acqua collegate a Suez, Singapore e Panama viene fornito rispettivamente dai tre siti della rete informatica mondiale di seguito dettagliati: www.economic.idsc.gov.eg/suez; www.mpa.gov.sg/; www.pancanal.com/.

L'uso del suolo urbano

Le vicende dello scalo portuale dominate dalla rilevante funzione del commercio di transito e lo sviluppo urbano di Singapore costituiscono due processi che hanno esibito una stretta interdipendenza nel corso della seconda metà del Novecento, con profonde ripercussioni sull'uso dei suoli, in un contesto che vede un'estrema scarsità di spazi disponibili a fronte della crescente congerie di interessi finanziari e progetti di crescita.

Il fervore edilizio-costruttivo rappresenta l'espressione maggiormente significativa dell'espansione economica ed al tempo stesso il volano di un meccanismo che sempre più richiede comprensori infrastrutturali adeguati per rafforzare l'impulso ascensionale, ad onta della superficie limitatissima che il confine politico con la Malaysia concede alla città-stato. Il processo di urbanizzazione è stato e continua ad essere accelerato e pervasivo, ma non tale da non lasciare spazio a tutta una gamma articolata di aree funzionali diversamente dimensionate, distribuite e interagenti alla scala areale ridotta dell'isola. È venuto in tal modo a configurarsi un uso estremamente intensivo del suolo nell'ambito del tessuto urbano, con dieci principali voci del *Land Use* comprendenti: terreni umidi, mangrovie e paludi; foreste; aree colturali; improduttivo; aree bonificate; edificato industriale; infrastrutture portuali; aree commerciali; edificato residenziale; sistemi di comunicazione.

Alla concentrazione e distribuzione di tali funzioni urbane si ricollega l'organizzazione territoriale complessiva della moderna «città del leone», immagine viva e simbolo rampante allo stesso tempo delle dinamiche di globalizzazione spinte alla portata planetaria.

Terreni umidi, mangrovie e paludi. Permangono nel settore nord-occidentale. A ovest, di fronte allo Stretto di Selat Johor assume incidenza territoriale una zona interdetta di paludi e laghi destinati a riserve d'acqua.

Foreste. Le aree boschive caratterizzate dal rigoglio della foresta pluviale equatoriale risultano concentrate in plaghe residuali dell'antica copertura vegetale nelle zone centrali dei due bacini di Seletar e

Upper Pierce, in rapporto alla massima elevazione raggiunta nell'isola, una collina di 162,5 metri sul livello del mare.

Aree colturali. Le piantagioni di cauccìù e palme da cocco abbracciano la sezione settentrionale dell'isola, delimitata dallo Stretto di Johor, ma soffrono della riduzione areale indotta dai più vigorosi processi di insediamento di nuovi complessi abitativi.

Improduttivo. Nell'accezione originale si trattava di terreni adiacenti alle aree colturali, ma la dinamica costruttiva in atto non ha mancato di investire e utilizzare anche tali sezioni marginali.

Aree bonificate. Il moderno aeroporto, entrato in esercizio il 1° luglio 1981, sorge su un'area completamente strappata al mare. Nella fase più recente i grandi progetti di bonifica si sono concentrati nel settore sud-occidentale del profilo costiero con tutta una serie di espansioni completate nel 1997, 1998 e 1999 rispettivamente. È prevista per il 2015 la conclusione di un grande progetto di interramento esteso per più di 300 ettari a sud dello Stretto di Jurong, un settore di particolare concentrazione delle attività attinenti allo scalo portuale. L'imponenza delle opere di intervento territoriale è testimoniata dal fatto che il complesso di tali lavori ha trasformato un arcipelago di isolotti emergenti da bassofondali corallini in una vasta piattaforma di espansione delle operazioni portuali e di stoccaggio dei prodotti petroliferi.

Edificato industriale. Esibisce una distribuzione a «pelle di leopardo», con alcuni principali distretti localizzati in punti diversi del comprensorio insulare. I più importanti sono: il Jurong Industrial Estate a sud-ovest; il Sungei Kadut Industrial Estate, il Kranji I.E. e il Senoko I.E. verso nord; il Defu I.E. in posizione centro-orientale. Quasi tutti evidenziano una collocazione stretta all'interno delle aree urbanizzate con una chiara tendenza alla gravitazione verso la linea di costa. L'apparato industriale presenta una varietà di rami e comparti allargata dalla cantieristica navale alla metallurgia, farmaceutica ed elettronica; non mancano il tessile e l'abbigliamento, mentre si è già fatto cenno delle produzioni chimiche e petrolchimiche (*Calendario Atlante...*, 2000, p. 831).

Infrastrutture portuali. La classica geometria a pettine legata alla successione di moli d'attracco, piattaforme di stoccaggio e bacini intermedi risulta dispiegata nel settore Tuas-Jurong, a ovest dell'area pertinente al principale nodo urbano di Queenstown.

Aree commerciali. Gravitano lungo lo sviluppo della East Coast Parkway, in posizione di raccordo strategico con il nuovo moderno complesso aeroportuale. Grandi centri di vendita specializzati per accogliere e favorire le attività ludico-ricreative del tempo libero, della frequentazione turistica e degli acquisti hanno seguito una scelta localizzativa basata sulla concentrazione degli impianti, in stretto collegamento con la fascia costiera adiacente che aggrega iniziative sportive di rango più esclusivo, dal tennis alla nautica.

Edificato residenziale. Trova le sue direttrici di ampliamento e sviluppo nelle *New Towns* collocate a partire dal nucleo storico di fondazione coloniale e distese preferibilmente in posizione rivierasca verso ovest e verso est (Jurong West, Jurong East, Clementi, Bukit Batok, Toa Payoh, Tampines, con un fitto tessuto interposto di giardini e aree verdi). Le nuove espansioni urbane, legate alle necessità poste in essere dallo sviluppo economico, si sono indirizzate anche verso nord, secondo tre linee di avanzamento collocate, una nella sezione centro-occidentale (Choa Chu Kang New Town, Woodlands N.T.), una in quella centro-orientale (Ang Mo Kio New Town, Serangoon N. T., Hougang N.T.) e l'ultima infine immediatamente a ovest del nuovo complesso aeroportuale (Tampines New Town). Le affermazioni intensive di tali tendenze in atto hanno ricondotto a una geometria territoriale a ventaglio che si irradia dal nucleo storico di Queenstown verso est-nord-est, nord-est e nord-ovest, completando in tal modo un anello di accerchiamento attorno all'area verde centrale arroccata sulle rive dei due bacini precedentemente citati: l'Upper Peirce Reservoir e l'Upper Selatar Reservoir.

Sistemi di comunicazione. Lo schema funzionale di articolazione delle linee sotterranee di trasporto passeggeri ricalca necessariamente la geometria dei principali complessi di addensamento urbano. Due sono i principali assi di servizio metropolitano. Una linea a doppio senso di percorrenza si distende da est a ovest (*Westbound* la blu,

Eastbound la verde). La seconda effettua un percorso a U aggirando il polmone verde centrale dell'isola con le due direttrici: la *Northbound* (gialla) e la *Southbound* (rossa). Nell'insieme delle sue componenti il sistema viene a configurare un circuito anulare in grado di garantire un elevato livello di accessibilità [13] ai singoli nodi e alle diverse ripartizioni del tessuto urbano-edilizio. Le tendenze in corso considerate nei vari aspetti analitici possono essere ricondotte a una linea evolutiva di sintesi ben definibile. I complessi edificati di vario tipo nel loro insieme e in una fase anteriore al decorrere dell'ultima decade del Novecento si sono posti in relazione stretta con la fronte meridionale del profilo costiero affacciata allo Stretto di Singapore con i suoi bracci interni di Jurong e Pandan [14]. Lo sviluppo accelerato di fine secolo-millennio ha successivamente introdotto profonde modifiche del quadro precedente, attraverso l'occupazione di ulteriori spazi, le espansioni verso nord e l'interno, i fenomeni insediativi connessi alla comparsa delle «città nuove», le fronti di espansione sul mare, e le inedite geometrie derivate dall'insieme delle fenomenologie in corso.

Nell'attualità l'isola risulta suddivisa in tre comprensori nettamente definiti in rapporto alla sua estensione: la sezione nord, con elementi residuali di paesaggio naturale (foreste, mangrovie e paludi) e profonde trasformazioni di matrice agraria e urbana avvenute in tempi più recenti; la fronte Sud, sede di attestazione preferenziale (nelle fasi storiche coloniale e post-coloniale) dei processi urbano-insediativi ed economico-produttivi stimolati dai traffici mercantili; i settori di bonifica e occupazione di spazi marittimo-litorali per il potenziamento dei centri logistici [15].

---

[13] La definizione tecnica del concetto di «accessibilità» nel contesto della teoria dei grafi e in rapporto alla posizione centrale o periferica di un punto all'interno di un sistema reticolare è esplicata sinteticamente in VAGAGGINI (1982, pp. 112-118).

[14] Una visione schematica degli assetti territoriali definitisi precedentemente agli anni Novanta è riscontrabile nella carta in scala 1:500.000 contenuta in *Atlante Generale...* (1984, p. 89).

[15] Le modificazioni territoriali intercorse nel ristretto dominio areale della città-Stato sono desumibili dal confronto di documenti cartografici di epoca e datazione diverse, tali da poter essere collocati in una scansione cronologica. Per il quadro risultante all'avvio degli anni Novanta, si veda la carta *Singapore Island & City Map. Scales 1:55.000; 1:12.500*, Singapore, Periplus Editions, 1993.

Lo scalo portuale moderno

Il ruolo dello scalo, propiziato dalla favorevolissima posizione geografica di crocevia delle rotte, si basa su una movimentazione di merci in transito, che da un lato interessa la concentrazione-inoltro delle materie prime del Sud-est asiatico con gli areali correlati, dall'altro fonda il portale d'ingresso delle merci europee dirette in Estremo Oriente (fig. 10).

Sulla scorta di queste considerazioni spaziali e con riferimento al complesso geografico delle aree d'oltremare di circolazione delle merci e vincolazione economica va rilevato come l'avanmare di Singapore assuma una dimensione di portata mondiale a partire dalla rete innestata sul circuito Canale di Suez-Stretto di Malacca, con due fondamentali diramazioni, in Occidente verso l'Europa e il Nordamerica e a levante in direzione della Cina, della Corea e del Giappone. Ne emerge una fitta serie di relazioni che lega fra loro e indirizza ver-

FIGURA 10
SINGAPORE, LE MODERNE INFRASTRUTTURE PORTUALI
(Ripresa: Luglio 1986)

so i mercati occidentali aree produttive di grande rilevanza in Asia, a partire dal colosso industriale giapponese, per proseguire con le zone economiche speciali del litorale cinese e coinvolgere infine la rassegna dei paesi di conclamata «nuova industrializzazione» che decolla negli anni Settanta del Novecento. Il retroterra, inteso nel senso classico dell'insieme delle aree interne interessate da relazioni commerciali col porto in questione, balza al di là dell'ambito ristretto della Penisola di Malacca, abbraccia tutto il Sud-est asiatico e si spinge verso le ulteriori masse di terraferma. In altri termini il sistema spaziale di gravitazione sul porto di Singapore assume una triplice dimensione operativa a livello regionale, continentale e mondiale, confermandone il ruolo di caposaldo attivo dei processi di integrazione a scala globale.

In rapporto a questi enunciati spazio-reticolari dilatati, il movimento marittimo ha conosciuto sostenuti ritmi di crescita nel corso del Novecento. Le evidenze di natura statistico-economica riferite alla fine degli anni Quaranta indicavano un complesso navale oscillante fra i 25 e i 35 milioni annuali di tonnellate di stazza in fase di passaggio attraverso lo Stretto, per la maggior parte rivolto sulla direttrice di Singapore (*Enciclopedia Italiana...*, 1951, XXI, p. 845). Alla fine del secolo il vertiginoso processo di crescita dello scalo aveva portato a 910.180.000 tsl il totale riferito alle navi in arrivo nella varietà delle diverse tipologie esibite: porta-container, carghi convenzionali, cabotiere, addette ai carichi di rinfuse, petroliere, traghetti e navi passeggeri, chiatte e rimorchiatori, per un numero complessivo di 145.383 unità. Questi dati sottolineano come dal 1986 il porto di Singapore detenga il primato mondiale quanto a tonnellaggio complessivo delle navi in transito, fregiandosi del titolo di «World Busiest Port» con riferimento al parametro in considerazione. A sua volta il traffico commerciale, misurato in base al peso delle merci sbarcate/imbarcate, toccava sempre alla conclusione del 2000 la cifra di 325.591.100 tonnellate, con la netta prevalenza della movimentazione container (185.857.000 tonnellate) e del greggio (113.329.400 tonnellate). Largamente distanziate seguivano le altre tipologie di carico, come le rinfuse non petrolifere (12.684.900 tonnellate) e le merci in genere.

Tali risultati consentono a Singapore di raggiungere posizioni di primo piano anche nel comparto specializzato del traffico *container*, definibile sia attraverso l'unità di misura precedentemente citata, sia in base al numero di TEUs (*Twenty Foot Equivalent Units*). Su questo fronte degli imballaggi standardizzati la lotta ai primi posti nella classifica mondiale è serrata con la vicina rivale costituita dalla Regione Amministrativa Speciale di Hong Kong; a titolo di esempio nel 1994 i milioni di TEUs erano 10,6 per Singapore, 11,2 per l'agguerrita concorrente (*Enciclopedia Geografica*..., 1995, p. 1298); per l'anno 2000 i valori si portavano rispettivamente a 17,08 milioni contro 18,09[16], a piena conferma del secondo posto assegnabile alla «città del leone». Il panorama è uscito sostanzialmente consolidato, nonostante alcune deboli flessioni, alla transizione epocale di fine secolo e millennio, con la caratterizzazione stabile di Singapore quale scalo specializzato nella movimentazione dei contenitori, una operazione che balza al primo posto nel novero dei carichi trattati[17].

---

[16] Le statistiche economico-mercantili dettagliate per l'ex scalo malese, con particolare riferimento ai flussi in transito, alla loro composizione merceologica e alla consistenza numerica, sono fornite dal sito internet *www.mpa.gov.sg/* gestito dalla Maritime and Port Authority of Singapore (460 Alexandra Road, PSA Building, Singapore). Di particolare interesse risultano le due sezioni: *Navigational Notices; Port Statistics*, evidenziate a partire dalla pagina frontale di presentazione. Il sito *www.info.gov.hk* procura e aggiorna invece le *Port Statistics* di Hong Kong.

[17] Un aggiornamento rilevato in data 5 ottobre 2002 dei dati forniti per via telematica dalla fonte precedentemente citata, la Maritime and Port Authority of Singapore, consentiva l'acquisizione delle statistiche portuali riferite all'anno 2001. A partire da questa base informativa il movimento navale e la tipologia di naviglio confermano la presenza caratterizzante dei vettori specializzati per i carichi modulari e delle navi-cisterna, mentre una voce significativa all'interno del quadro geografico locale fra Penisola malese e Insulindia viene a essere costituita dai traghetti regionali. Il numero complessivo e la stazza lorda complessiva salgono portandosi rispettivamente a 146.265 unità e 960.093.000 tonnellate. I generi merceologici riprendono e sottolineano le linee di tendenza manifestate dalla rassegna dei mezzi di navigazione. Nella categoria dei carichi generali continuano a prevalere largamente gli imballaggi standardizzati rispetto a quelli convenzionali (rispettivamente 171.208.600 tonnellate contro 14.867.100), mentre fra le rinfuse dominanti appaiono quelle liquide rispetto a tutte le altre (rispettivamente 113.759.100 tonnellate contro 13.652.200). Nel confronto emerge quindi come la movimentazione-trasporto dei *containers* superi in tonnellaggio gli idrocarburi con un ampio margine di vantaggio, giacché i primi corrispondono a poco più della metà del totale, mentre i secondi si fermano a un terzo. In leggera flessione rispetto all'anno 2000 risulta il carico nel suo insieme: 323.487.000 per il 2001 contro il precedente valore di 325.591.100 tonnellate.

In rapporto alle valenze specifiche acquisite dallo scalo una particolare menzione meritano i servizi di rifornimento combustibili, attivati già dal 1988 con livelli crescenti di efficienza e affidabilità.

In correlazione stretta e caratterizzante è poi la presenza del polo petrolchimico che raggiunge una capacità di raffinazione tale da collocare Singapore in terza posizione nella graduatoria planetaria. Cinque principali compagnie multinazionali qui presenti e operative (Shell, Esso, Caltex, British Petroleum ed ExxonMobil) hanno realizzato nel distretto un complesso di impianti capaci di trattare più di un milione di barili al giorno. Tali moderni sviluppi s'innestano sulla tradizionale qualifica di porto di smistamento attribuita a Singapore in rapporto all'affluenza di merci e materie prime dai retrostanti spazi di gravitazione del Sud-est asiatico. In sede storica erano soprattutto lo stagno, il cauccù e la copra a trovare nello scalo il nodo di raccolta e ridistribuzione per l'inoltro nelle varie destinazioni d'oltremare (BELLA RIGHETTI, 1970, p. 260).

Oggigiorno la crescente mole dei volumi di traffico e la diversificazione dei servizi offerti all'insegna della rapidità ed efficienza operative hanno riqualificato la definizione funzionale del porto, con livelli di eccellenza in ambito internazionale. In termini riassuntivi emerge l'affermazione dei tre ruoli basilari: dello scalo commerciale con forti flussi di importazione/esportazione; del terminale specializzato nella movimentazione dei carichi modulari; infine del distretto industriale a localizzazione costiera, con il comparto petrolifero in evidenza.

Tutto il carattere di rapidità straordinaria di questo processo di crescita può essere sottolineato in base al confronto di pochi significativi indicatori statistico-economici. Il traffico commerciale risulta praticamente raddoppiato nel 2000 con riferimento alla situazione del 1989 che registrava un valore complessivo di 173.298.000 t e una leggera prevalenza delle merci sbarcate (*Calendario Atlante...*, 1991, p. 50). In aggiunta ai crescenti livelli di diversificazione e affidabilità operativa, Singapore vanta un registro navale in fase di espansione solidamente fondata sin dalla metà degli anni Ottanta del Novecento. Le prestazioni mercantili hanno avuto un profondo impatto sulla geografia e in particolare sul profilo litorale dell'isola, valutabile in base ai mutamenti che la modernizzazione degli impianti induce con l'imperiosa necessità di reperire sul mare gli spazi richiesti a sostegno. Il complesso delle opere destinate a potenziare l'efficienza delle infrastrutture e che introduce al contempo incisive trasformazioni alla scala territoriale del comprensorio portuale, si presenta oltremodo variegato.

Sulla base di un dimensionamento preliminare, scandito utilizzando la rilevanza delle modificazioni paesaggistiche coinvolte, è possibile considerare le seguenti attività: prospezioni geotecniche e stabilizzazione dei suoli; lavori di dragaggio; posa di cavi e condotte sottomarine; installazione di opere ausiliarie per la navigazione nei passaggi di strettoia più difficoltosi; realizzazione di frangiflutti e altre opere a carattere difensivo; costruzione di ancoraggi, moli e nuovi accosti operativi, in sostituzione o meno di altri obsoleti o comunque con minori caratteristiche di modernità; operazioni di bonifica e interramento con ampia produzione di nuovi suoli strappati dal mare (*Reclamation and soil improvement areas*).

Tutto questo continuo lavorìo di manutenzione e sviluppo dello spazio di manovra implica un aggiornamento costante della cartografia nautica, al fine di evidenziare le nuove dotazioni di terreno solido disponibili per l'impiantistica e le infrastrutture portuali. I principali settori geografici d'intervento che si susseguono lungo il margine costiero appaiono concentrati in una serie di quadranti di seguito elencati in senso orario a partire da nord; per ciascuno vengono indicate le principali aree dove si combinano varie tipologie tecnico-ingegneristiche di costruzione negli specchi d'acqua marina: *a*) quadrante settentrionale: isola di Pulau Ubin affacciata al Canale di Nanas che costituisce il naturale prolungamento dello Stretto di Johor al confine con la Malesia; Serangoon Harbour a sud dell'isola in questione; *b*) q. orientale: Changi East Area, a prolungamento dello spazio atttualmente occupato dal moderno aeroporto; *c*) q. meridionale: Brani Terminal sulla fronte rivierasca di Queenstown; *d*) q. sud-occidentale: progetti Jurong Island e Pasir Panjang; *e*) q. occidentale: Tuas View Area, in corrispondenza della sezione di ponente dello Stretto di Johor.

Gli spazi marini sottoposti a contenzioso

La via d'acqua articolata attorno allo Stretto di Malacca e allo scalo di Singapore estende la sua influenza ben al di là dei ristretti limiti di pertinenza geografica che le sono propri e finisce per interferire con gli equilibri regionali del Sud-est asiatico nella misura in cui nuovo valore economico e inediti significati geopolitici vengono attribuiti agli spazi marini attraversati dalle rotte di avvicinamento allo strategico corridoio di transito. A scala globale dilatata inoltre, i crescenti volumi di traffico e l'intensità dei flussi mercantili ed energetici coinvolti provocano, come già avvenuto in sede storica in rapporto alla gara coloniale, un allargamento del ventaglio dei soggetti politici che fanno rientrare la rotta in questione nell'ambito della propria sfera di interessi vitali, aumentando in questo modo la conflittualità potenziale innescata attorno agli accessi allo Stretto, sempre più definibile quale settore sensibile dello scacchiere mondiale. Di conseguenza, tutto un coacervo di circostanze: le stringenti ragioni di carattere economico coagulate in zona, la forte condizione di dipendenza di quegli Stati che o sono sprovvisti di giacimenti produttivi o comunque debbono dipendere pesantemente dai flussi di importazione, l'esigenza rinforzata di esercitare un controllo sugli itinerari marittimi di rilevanza vitale in rapporto al convogliamento del greggio, finisce per attribuire nuove valenze a emersioni marine, che pur considerabili quali meri fazzoletti di terra, sono però in grado di generare acque territoriali ai sensi della Convenzione delle Nazioni Unite del 1982 riguardante il Diritto del Mare, e possono, in virtù delle disposizioni di legge, comportare l'acquisizione di vaste estensioni di spazio marino, insieme all'impossessamento delle risorse e materie prime ivi allocate[18]. È questo il motivo di fondo che spiega l'insorgere e la moltiplicazione nel mondo di controversie territoriali incentrate sugli affioramenti insulari, anche se risultano insignificanti dal punto di vista areale e morfologico o comunque repulsivi e praticamente inabitabili.

La rotta tesa fra gli oceani Indiano e Pacifico non si è sottratta a tali complicanze di natura giuridica e geopolitica. Dopo l'epilogo

---

[18] Si veda in merito la parte II, articoli 3: *Breadth of the territorial sea*; 4: *Outer limit of the territorial sea*; 5: *Normal baseline*; 6: *Reefs*; 7: *Straight baselines*; 13: *Low-tide elevations*, del testo normativo per quanto concerne la definizione delle acque territoriali e la parte V, articoli 56: *Rights, jurisdiction and duties of the coastal State in the exclusive economic zone*; 57: *Breadth of the exclusive economic zone*, in rapporto all'istituzione e dimensionamento della Zona Economica Esclusiva, con riferimento particolare alle scogliere coralline.

della Seconda Guerra Mondiale un terreno di disputa poco alla volta è venuto a delinearsi attorno alle Isole Spratly, le Nansha Qundao delle carte cinesi[19]. Localizzate nel vasto ritaglio di spazio corrispondente al Mar Cinese Meridionale fra la costa del Vietnam (approssimativamente alla latitudine delle foci del Mekong) e l'isola di Palawan, appartenente alle Filippine, restano disseminate attorno all'intersezione del parallelo 10° Nord col meridiano 115° Est, mantenendo una distanza di circa 1.500 chilometri dall'imboccatura meridionale dello Stretto di Malacca, posta in direzione sud-ovest. Sotto il profilo fisico-morfologico l'arcipelago è costituito da più di 400 fra isolotti, scogli e banchi corallini, con l'aggiunta di numerosi affioramenti semi-sommersi che si interpongono a costituire una notevole fonte di pericolo per la navigazione, mentre risultano assolutamente privi delle condizioni di abitabilità. L'area totale affiorante non raggiunge le 3 miglia quadrate, ma enorme si fa la dispersione che interessa una vastità superiore ai 160.000 chilometri quadrati.

Le parti in causa coinvolte direttamente nel litigio per ragioni di prossimità e di situazione geografica caratterizzata da sponde affacciate sul Mar Cinese Meridionale sono numerose e giungono al numero di sei: Repubblica Popolare Cinese; Taiwan; Repubblica delle Filippine; Malaysia (Federazione della Grande Malesia); Repubblica socialista del Viet Nam; Repubblica di Indonesia.

Il coinvolgimento differenziato dei vari attori esposti in prima fila sottolineata come la Cina comunista rivesta il ruolo di potenza regionale dominante, con evidenti aspirazioni ad assumere una dimensione sempre più significativa a scala mondiale sui diversi piani del dinamismo economico-produttivo-finanziario, dell'influenza politica e degli equilibri strategici. La Repubblica della Cina Nazionale (Taiwan), rappresenta uno dei nodi storici e geopolitici scaturiti dalla fine del secondo conflitto mondiale e dall'esito della Rivoluzione Cinese. Passata insoluta attraverso le convulsioni della Guerra Fredda e

---

[19] La posizione geografica dell'arcipelago, la complessa toponomastica incentrata sulla frammentazione dei banchi madreporici ivi presenti e insieme la visione cinese dei confini marittimi all'interno del Mar Cinese Meridionale sono illustrati nella carta geografica 22: *South China Sea Islands*, in scala 1:10.660.000, contenuta in *Atlas of the People's Republic...* (1989).

approdata nella fase storica succedutasi alla caduta del Muro di Berlino, la lacerazione nazionale da sempre è rimasta in prima posizione nelle linee guida della politica estera di Pechino, impegnata nel progetto irrinunciabile della riunificazione delle «due Cine» (FRIOLO, 1997, inserto speciale). La Repubblica delle Filippine, uscita da un passato di dipendenza coloniale spagnola seguita dalla fase del possedimento statunitense, vive una difficile stagione politica in cui la democrazia stenta ad affermarsi dopo una lunga parentesi dittatoriale, mentre gruppi combattenti alimentano le tendenze separatiste e la miseria di vasti strati della popolazione costituisce sempre più un fattore di destabilizzazione[20]. Sulla terraferma il ritiro inglese, avvenuto nel 1957, consentiva con l'indipendenza la realizzazione del progetto politico incentrato sulla Federazione della Grande Malesia, fieramente osteggiato negli anni Sessanta dall'Indonesia (SPINI, 1963, III, p. 517). Le difficoltà politiche internazionali e l'uscita di scena di Singapore nel 1965 non impedivano che la compagine federale restasse articolata nei due blocchi corrispondenti alla Malaysia Occidentale, all'estremità della Penisola di Malacca, e alla Malaysia Orientale, attestata nel Borneo settentrionale. La Repubblica socialista del Viet Nam, già protagonista vittoriosa della guerra contro gli Stati Uniti e del processo di riunificazione del paese maturato a seguito della conclusione dello sforzo bellico, deve annoverare una serie tradizionale di motivi di contenzioso e di scontri armati con la potente rivale confinante a Settentrione, motivo che acuisce la tensione nel settore. La Repubblica di Indonesia, dopo il definitivo affrancamento dal giogo coloniale olandese nel 1949, ha avuto una vita politica travagliata e un difficile cammino verso le istituzioni democratiche, ma nel frattempo ha maturato una solida posizione fra i paesi produttori di petrolio, con forti interessi nell'area in esame.

In rapporto ai motivi di tensione configurati dal coacervo delle mire conflittuali innestate sulla rotta del Mar Cinese Meridionale entra poi in scena un gruppo significativo di soggetti politici estremamente interessati, per ragioni sia militari che logistico-economiche,

---

[20] Per l'anno 1994 la popolazione in condizioni di povertà assoluta toccava la pesante cifra del 41%. In merito agli indicatori socio-demografici che segnalano tutta la gravità della situazione interna, si veda *Calendario Atlante...*, 2000, p. 433.

alla questione. Tali attori indiretti sono rappresentati da Stati Uniti, Giappone e dall'associazione dell'ASEAN che riunisce le nazioni del Sud-est asiatico; tutti in varia misura appoggiano l'impegno necessario per mantenere intatte l'efficienza e il livello di attività della via d'acqua al centro del contenzioso. Il governo di Washington auspica soluzioni politiche in accordo con la normativa vigente, e utile risulta in tal senso una rivalutazione del ruolo dell'ASEAN per creare nuovi canali politici di negoziazione e sbocco della crisi.

L'anamnesi storica riguardante dall'origine l'evoluzione della disputa può esser fatta risalire all'anno 1930 quando, nel corso della sua amministrazione coloniale in Indocina, è la Francia a occupare alcune delle Isole Spratly. Il secondo conflitto mondiale vede le forze giapponesi subentrare nell'area che viene sottratta ai precedenti occupanti. Evento di rilievo in rapporto alla attuale controversia è successivamente l'entrata in scena delle forze del Kuomintang che nel 1946 si impadroniscono dell'isola di Itu Aba. A loro volta le Filippine arrivano nel 1968 ad assumere il controllo di tre affioramenti e il Viet Nam del Sud fa altrettanto con altre cinque isole nel 1973. L'anno successivo una prova di forza è realizzata dalla Cina popolare che occupa le Isole Paracel poco più a nord (Xisha Qundo), incurante della posizione assunta in merito dal governo di Saigon appoggiato dagli Stati Uniti. La prima rivendicazione della Malaysia giunge nel 1979. Nelle decadi seguenti appare evidente come lo schieramento delle forze militari in campo attribuisca alla Repubblica Popolare Cinese lo *status* di nazione egemone nel settore conteso, senza che il Viet Nam possa più invocare sostegno logistico alcuno dopo il dissolvimento dell'Unione Sovietica. Incidenti e provocazioni non mancano in questa fase di coinvolgere i tre governi di Pechino, Hanoi e Manila. Nel 1988 si produce uno scontro navale fra cinesi e vietnamiti e questi ultimi debbono subire l'affondamento di tre vascelli con forti perdite (settantadue vittime); le forze di Pechino si impadroniscono di sei isole. Ancora nel 1992 la Cina avvia un pattugliamento delle acque condotto con l'impiego di sottomarini, suscitando reazioni allarmate nei paesi dell'ASEAN. Uno scontro successivo viene a prodursi nel 1995 con la scoperta che forze cinesi hanno occupato Mischief Reef, un atollo corallino situato entro la Zona Economica Esclusiva delle Filippine: queste reagiscono sequestrando i pescherecci cinesi incrocianti nell'area e smantellando i caposaldi impiantati dagli avversari. Un'altra violazione dello stesso genere viene attuata nel 1997 ai danni del Viet Nam, quando i cinesi installano una piattaforma di perforazione petrolifera a nord dell'arcipelago, ma in acque pertinenti al governo di Hanoi[21].

La comprensione delle ragioni del contendere passa attraverso il dato di fatto che la congerie delle rivendicazioni presenta uno spettro oltremodo variegato. Solo le due Cine inalberano la pretesa di possedere i titoli di sovranità estesi sull'intero comprensorio arcipelagico. Gli altri Stati in differente misura rivolgono la propria attenzione a quei settori che risultano in rapporti di prossimità geografica con le proprie zone rivierasche. Le Filippine rivendicano circa sessanta affioramenti nell'area; anche il Viet Nam asserisce i propri diritti solo su una parte dell'arcipelago; la Malaysia guarda a tre isole e quattro raggruppamenti di scogli; il sultanato di Brunei infine, entrato solo in tempi recenti nel groviglio dei reclami, richiede per sé soltanto il banco corallino Louisa, adiacente alla propria linea di costa.

L'oggetto di tanto competere riguarda lembi di terra emersa con acque circostanti interessate da cospicue possibilità di sfruttamento ittico, mentre quello minerario resta tutto da valutare in base alle operazioni di prospezione geologica. In anni recenti comunque non è venuto meno l'affacciarsi del sospetto che la piattaforma sostenente gli affioramenti possa essere interessata da giacimenti petroliferi, con riserve comparabili a quelle già note e sfruttate entro i limiti dello stesso bacino marino.

Al di là delle potenzialità da verificare, un evidente motivo di vantaggio di natura squisitamente spaziale è legato al fatto che la formazione insulare si riconduce alla linea di svolgimento di quella che è la seconda via marittima di traffico internazionale[22]. A tal riguardo

---

[21] Per la ricostruzione delle vicende più recenti che hanno contrassegnato l'evoluzione storico-geografica del contenzioso, informazioni dettagliate e analisi sulla natura strategica del medesimo vengono fornite dai siti Internet *www.american.edu* e *www.usip.org*, quest'ultimo attivato dall'Institute of Peace negli Stati Uniti.

[22] In merito all'inquadramento geoeconomico e alla rilevanza strategica dell'arcipelago, con ripercussioni per la sicurezza del quadro regionale, si veda il sito Internet *www.eia.doe.gov*, gestito a cura della Energy Information Administration (United States).

va fatto rilevare come il ruolo economico del Mar Cinese Meridionale sia cresciuto di pari passo con quello dello Stretto di Malacca in rapporto agli sviluppi del movimento navale e conseguentemente si è imposta all'attenzione degli Stati rivieraschi la posizione geografica delle Spratly Islands, dislocate in modo strategico proprio a ridosso dell'itinerario di percorrenza che i mezzi di navigazione adottano. L'assunto di rilevanza geopolitica direttamente collegato a tale situazione è quello in base al quale chi viene a possedere la sovranità sull'arcipelago è in grado di esercitare *de facto* un potere di controllo sull'arteria di traffico. La cruciale significatività delle isole è inoltre aumentata dalla prossimità geografica a paesi, la Cina popolare in testa, destinati a vedere aumentati fortemente i consumi petroliferi in rapporto alle proprie esigenze di crescita. Il governo di Pechino intende infatti in modo estremamente determinato proseguire sul cammino per poter divenire una potenza di rango mondiale. In questa prospettiva individua una necessità prioritaria nell'espansione economica e nel raffinamento dei livelli tecnologici riguardanti la produzione industriale e i servizi. Necessariamente tale sforzo si ritroverà a dover bruciare sempre nuove e crescenti quantità di risorse energetiche, una ragione in base alla quale il possesso delle fonti estrattive e il controllo delle vie di rifornimento divengono anelli fondamentali di una visione strategica di lungo termine e vasto respiro.

In questo quadro d'insieme le Isole Spratly, anche se ridotte ai minimi termini sotto il profilo dell'estensione areale, si inseriscono in qualità di nodo sensibile nel sistema marittimo imperniato sul fascio di rotte passante per Singapore. In prospettiva storica vengono quindi a rientrare in una partita allargata che finisce per coinvolgere equilibri presenti e futuri della scena politica planetaria. A complicare le cose, ma per analoghe ragioni di localizzazione-chiave lungo la rotta tesa verso il Giappone, la Corea del Sud e la Cina popolare, compare un altro terreno di litigio, posto immediatamente a nord dell'isola di Formosa.

Localizzato nel Mar Cinese Orientale (*Atlas of the People's Republic...*, 1989, tav. 17) con una posizione geografica rispondente alle coordinate: 25° di latitudine Nord e 123° di longitudine Est, il raggruppamento delle Senkaku-Diaoyu possiede un'articolazione morfologica e una costituzione geologica caratterizzate da cinque minuscole isole di origine vulcanica e tre affioramenti rocciosi, per un'area totale di 7 chilometri quadrati. Le condizioni climatico-ambientali e la ridotta estensione rendono questi frammenti emersi del tutto inadatti al sostenimento di forme permanenti di occupazione antropica, e in effetti non risulta siano mai state abitate[23]. In questo caso le parti in causa sono il Giappone, la Repubblica Popolare Cinese e ancora Taiwan.

L'evoluzione storico-geografica del contenzioso vede il Giappone esercitare il controllo sull'arcipelago dal 1895 sino alla seconda guerra mondiale. Fa seguito il periodo dell'amministrazione statunitense coinvolgente le isole insieme all'arcipelago di Okinawa, ai sensi dell'Articolo 3 del Trattato di pace di San Francisco del 1951. Nel 1971, in base a quanto stabilito dal *Ryukyu Reversion Agreement*, il territorio precedentemente configurato viene restituito all'amministrazione nipponica. Il 14 luglio 1996 un gruppo di attivisti giapponesi sbarca su uno degli isolotti per erigervi un faro di 5 metri di altezza, equipaggiato con batterie solari. Immediate le rimostranze del governo cinese e le dimostrazioni culminate nell'invio di flottiglie di manifestanti. Nella circostanza il 26 settembre viene a prodursi un incidente che provoca un morto fra i partecipanti, giunti dalla non vicina Hong Kong.

Il governo di Tokyo fonda le proprie rivendicazioni sulla priorità della scoperta, che risalirebbe appunto al 1895, quando l'arcipelago era ancora *terra nullius*, e sulla conseguente immediata annessione. I cinesi controbattono di averle scoperte nel 1372 e susseguentemente utilizzate come aiuto-appoggio per la navigazione. Nel 1556 sarebbero venute a far parte del sistema cinese di difesa marittima.

Anche in questo caso la disputa si ricollega ai vantaggi spaziali che il Diritto del Mare consente di riportare attraverso il possesso di punti di appoggio per la stesura delle linee base e quindi la definizione di zone di giurisdizione e ambiti di sovranità. L'acquisizione dei 7 chilometri quadrati di queste «Sporadi» del Mar Cinese Orientale ga-

---

[23] I lineamenti fondamentali della questione, unitamente alle coordinate geografiche dettagliate dei lembi di terra emersa che costituiscono l'oggetto del contendere, sono presentati dal sito Internet *www-ibru.dur.ac.uk/*, attivato e mantenuto aggiornato dalla International Boundaries Research Unit dell'Università di Durham (Gran Bretagna).

rantirebbe il titolo di accesso legale a 40.000 km² di spazi marini inquadrabili come Zona Economica Esclusiva e piattaforma continentale, quest'ultima intesa sotto il punto di vista giuridico ai sensi della stessa normativa vigente (Parte VI, articolo 76: *Definition of the continental shelf*).

Conclusioni

L'antica via d'accesso alle rigogliose regioni dispensatrici di droghe da cucina e farmacia ha completamente rinnovato il proprio ruolo e non è più fonte inesauribile di esotiche suggestioni per la cultura occidentale.

In uno scenario economico mondiale dominato da un lato dalle aspettative di consumi crescenti di greggio, anche attraverso il proliferare delle nazioni utenti, incapace dall'altro di introdurre sistemi alternativi al consolidato circuito di interessi orbitante attorno al cosiddetto «oro nero», l'importanza strategica e i livelli di conflittualità associati ai punti di passaggio critico delle risorse energetiche sono destinati a innalzarsi in misura equivalente. In questo senso, le immagini concrete del moderno scalo portuale di Singapore e dell'intenso traffico navale attraverso la via d'acqua collegata (espressioni e simbolo dei processi di globalizzazione in via di rafforzamento nella fase del passaggio epocale dal secondo al terzo millennio) vanno incontro alla prospettiva di tradursi nel medio e lungo periodo in un quadro geografico destinato ad alimentare forti motivi di contenzioso politico, senza mancare di introdurre allo stesso tempo inediti ma prioritari obiettivi di una strategia a tutto campo.

Non è difficile ipotizzare uno scenario futuro in cui il controllo del flusso di greggio attraverso lo Stretto di Malacca diventi una questione di priorità assoluta in rapporto all'acutizzarsi di motivi di crisi già chiaramente avvertibili all'ingresso del terzo millennio.

LA ROTTA MARITTIMA DEL NORD

La moderna versione del Passaggio a Nord-est

Il Passaggio di Nord-est, l'itinerario via mare più breve e diretto dall'Europa verso l'Estremo Oriente, rappresenta ai nostri giorni un'opportunità economica consentita dal progresso tecnologico che ha contrassegnato la progettualità cantieristica di costruzione delle navi, i metodi di rilevamento fisico-oceanografico e i sistemi navigazionali. La «Via marittima del Nord» (BASSO, 1967, pp. 198-202) lungo le coste siberiane possiede nella congiuntura epocale di avvio del terzo millennio le potenzialità per rappresentare una valida alternativa alle due più importanti rotte del Sud, tese attraverso gli strategici canali di Suez e Panama. Un triplice ordine di fattori di natura fisica, legata all'abbattimento delle distanze di percorrenza, tecnologica e politico-amministrativa resta alla base di un nuovo ruolo che l'itinerario artico potrebbe venire a rivestire nel quadro dei rapporti internazionali di vincolazione economica e mercantile.

A fronte dei numerosi fattori condizionanti la rotta in senso sia positivo che negativo, manca però allo stato attuale dei fatti un apparato logistico-infrastrutturale in grado di sostenere la funzionalità della via d'acqua al di là del suo carattere di accentuata stagionalità. Nel novero dei vantaggi, significativa resta la riduzione dei termini di percorrenza sul percorso ponente-levante, verificabile sul duplice piano spaziale e temporale. A titolo di esempio valga il caso del collegamento da Londra allo scalo giapponese di Yokohama, comportante un risparmio di 4.332 miglia nautiche e tredici giornate di navigazione nel caso venga scelto il tragitto del Nord, evitando quindi la rotta normalmente seguita attraverso il Canale di Suez (BUTLER, 1978, p. 68). In generale il risparmio distanziometrico giunge a superare il valore di un terzo della lunghezza complessiva del tragitto più esteso.

Di non poco conto risultano poi le numerose e variegate opportunità di ricerca scientifica che si riscontrano negli spazi marittimo-litorali interessati dalla via di comunicazione. Queste comprendono il controllo dei disturbi ionosferici sulle telecomunicazioni (connessi alla fenomenologia delle aurore boreali), per coinvolgere successivamente meteorologia e climatologia, scienze geologiche, glaciologia, oceanografia, biologia marina e infine la medicina, con particolare riferimento alle possibilità di adattamento umano ai rigori dell'ambiente polare.

Nonostante la serie di basi promettenti, obiettive condizioni avverse limitano l'operatività logistica. Fra queste restano dominanti le proibitive condizioni climatiche, la persistenza dei ghiacci marini e le restrizioni dettate dai bassi fondali in alcuni passaggi-chiave del percorso (TAMVAKIS, GRANBERG e GOLD, 1999, pp. 228-229).

Definizione fisico-giuridica della Via marittima del Nord

Esiste una definizione governativa ufficiale della rotta. Secondo la percezione politica e i regolamenti della Federazione Russa la linea di navigazione settentrionale si allunga dalla Novaja Zemlja a occidente (tagliata dal meridiano 60° E) sino allo Stretto di Bering verso levante (posto a 66° di latitudine N e 168° di longitudine O), nell'ambito di spazi marini interamente ricadenti sotto l'esclusiva giurisdizione di Mosca (ØSTRENG, 1999, pp. 2-3). Assieme al Mar di Barents la via d'acqua in questione copre l'interezza dello storico Passaggio di Nord-est e collega l'Atlantico al Pacifico lungo lo sviluppo delle coste settentrionali asiatiche.

Assume rilevanza giuridica e diviene allo stesso tempo materia di dibattito internazionale il fatto che le autorità di Mosca abbiano dichiarato parte integrante del corridoio di transito anche i tratti da percorrere eventualmente a nord delle sfere di giurisdizione contemplate dal diritto del mare: Zona Economica Esclusiva, acque interne e territoriali, rientranti in un ambito che si estende da semplici diritti sovrani sino alla piena sovranità (KOLODKIN e KOLOSOV, 1990, p. 164). Ciò rende difficile stabilire il limite settentrionale della via di comunicazione e allo stesso tempo coinvolge il regime legale delle acque internazionali a sud del Polo Nord, perché viene introdotta in modo unilaterale una limitazione dello *status* di alto mare pertinente a questi spazi marini[1].

Resta fuor di dubbio, comunque, che una definizione completa della rotta debba includere in maniera espansa anche l'alto mare proiettato all'interno del *Mediterraneum* artico e direttamente collegato agli itinerari di maggiore attivazione e frequenza. In rapporto alla difficile caratterizzazione climatico-oceanografico-ambientale, la *Northern Sea Route* corrisponde necessariamente a una ampia serie di percorsi di navigazione, da scegliere in modo alternativo di stagione in stagione in funzione delle condizioni al momento presenti (ØSTRENG, 1999, p. 3). Prendendo in considerazione particolare lo stendimento prossimo al profilo litorale siberiano, la via d'acqua possiede una lunghezza variabile (a seconda dei singoli tratti prescelti) fra 2.200 e 2.900 miglia nautiche di acque infestate dai ghiacci all'interno dei mari marginali di Kara, Laptev, della Siberia Orientale e dei Čukči. Cinquantotto stretti risultano coinvolti nell'ambito dei tre arcipelaghi che costituiscono i punti di riferimento chiave della navigazione: la Novaja Zemlja, la Terra del Nord e le Isole della Nuova Siberia. La strutturazione fisico-geografica della costa interessata dal movimento navale si presenta quindi come un complesso articolato di bacini costieri, raggruppamenti emersi e bracci di mare di difficile accesso, a definire una nutrita serie di diramazioni del Mar Glaciale

---

[1] Nel testo della Convenzione di Montego Bay del 10 dicembre 1982, incentrato sulla *United Nations Law of the Sea*, la *Part VII*: *High Seas* introduce all'articolo 86, *Applications of the Provision of This Part*, gli ambiti geografici che vengono ad assumere la definizione e quindi il regime di alto mare: «all parts of the sea that are not included in the exclusive economic zone, in the territorial sea or in the internal waters of a State, or in the archipelagic waters of an archipelagic State». In merito alle prerogative delle acque così circoscritte si esprime l'articolo 87, *Freedom of the High Seas*, che introduce in dettaglio una serie di attività liberamente conducibili da parte della comunità internazionale: «The high seas are open to all States, wheter coastal or landlocked. Freedom of the high seas is exercised under the conditions laid down by this Convention and by other rules of the international law. It comprises, inter alia, both for coastal and land-locked States: (a) freedom of navigation; (b) freedom of overflight; (c) freedom to lay submarine cables and pipelines [...]; (d) freedom to construct artificial islands and other installations permitted under international law [...]; (e) freedom of fishing [...]; (f) freedom of scientific research, subject to *Parts VI* and *XIII*».

Artico (BUTLER, 1978, pp. 5-41). Più in dettaglio, la successione di promontori, penisole, isole e arcipelaghi suddivide il profilo litorale della Russia e dell'Asia settentrionale in sei sezioni principali di rilevanza nautica. All'estremità occidentale del lungo sistema fisico si stende il Mar di Barents, compreso fra le Isole Svalbard a ovest, la Novaja Zemlja a est e la Terra di Francesco Giuseppe verso nord, con profondità che giungono a superare i 470 metri a nord della Norvegia[2]. A sud si allunga il Mar Bianco con una configurazione quasi interamente circondata dallo sviluppo delle terre emerse e aperta solamente all'estremità settentrionale (fig. 11). Si tratta di un bacino basso di piattaforma, con una profondità massima di 124 metri. Fa seguito il Mare di Kara dalla Novaja Zemlja sino alla penisola del Tajmyr e all'arcipelago della Terra del Nord (fig. 12). Le profondità sono modeste e oscillano fra i 15 e i 50 metri, portandosi a 300 solamente in un tratto a est dell'allineamento della Novaja Zemlja. La Porta di Kara (*Kara Gates Strait*) costituisce il passaggio più ampio (29 miglia nautiche) verso il Mar di Barents a ponente. La quarta sezione corrisponde al Mar di Laptev, aperto fra la Severnaja Zemlja e le Isole della Nuova Siberia (fig. 13), con un fondo compreso entro modesti valori dai 10 ai 70 metri, prima della discesa della scarpata continentale verso il bacino artico centrale. Quattro passaggi principali lo collegano al segmento costiero precedente; fra questi lo stretto di Vil'kitskij, con le sue 22 miglia di ampiezza, rappresenta la via di maggiore dilatazione (fig. 14).

In successione si allarga il Mar della Siberia Orientale, proiettato sino all'isola di Wrangel. Tipico mare di piattaforma continentale come gli altri, presenta nella parte meridionale profondità che non oltrepassano i 50 metri. Cinque sono le principali vie di collegamento verso ovest, con gli stretti di Dmitrii Laptev e di Sannikov (30 miglia di ampiezza) a fornire le aperture più consistenti, il primo fra l'isola Grande Ljahov e la terraferma, il secondo tutto all'interno dell'arcipelago della Nuova Siberia. Infine, al limite orientale dello schieramento, il Mare dei Čukči raggiunge lo Stretto di Bering

---

[2] L'articolazione fisica delle sezioni costiere siberiane, la distribuzione delle terre e dei mari e una nutrita serie di valori batimetrici riferiti ai corpi d'acqua in questione sono dispiegate dall'atlante Bover, 1988, pp. 48-49, tavola *Asia septentrional*.

FIGURA 11

I PASSAGGI MARITTIMI FRA IL MAR DI BARENTS ED IL MAR DI KARA
INTERESSANTI L'ARCIPELAGO DELLA NOVAJA ZEMLJA

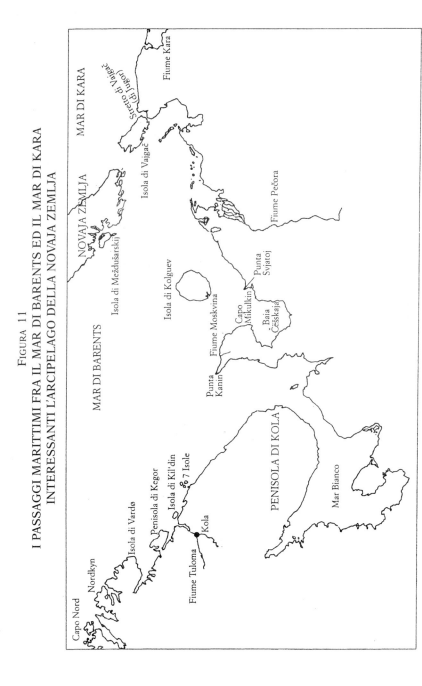

Fonte: G. DE VEER, *I tre viaggi per mare di Willem Barentsz* (edizione a cura di J. RODING e P. DRAGO), Torino, Edizioni San Paolo s.r.l., 1996, p. 66 (adattato e modificato).

FIGURA 12
I PASSAGGI MARITTIMI FRA IL MAR DI KARA ED IL MAR DI LAPTEV INTERESSANTI L'ARCIPELAGO DELLA TERRA DEL NORD (SEVERNAYA ZEMLYA)

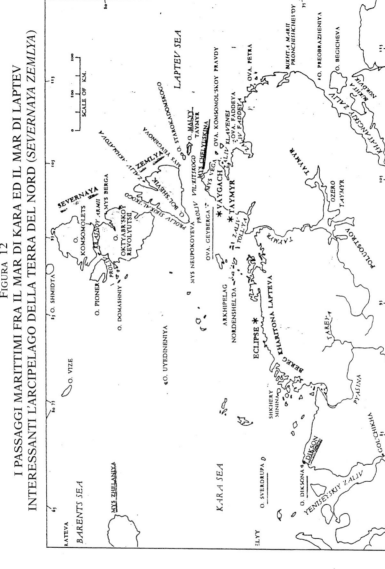

Fonte: L.M. STAROKADOMSKIY, *Charting the Russian Northern Sea Route: the Arctic Ocean Hydrographic Expedition 1910-1915*, Montreal and London, Arctic Institute of Noth America/Mc Gill-Queen's University Press, 1976, p. XXXIII (adattato e modificato).

FIGURA 13

I PASSAGGI MARITTIMI FRA IL MAR DI LAPTEV ED IL MAR DELLA SIBERIA ORIENTALE INTERESSANTI L'ARCIPELAGO DELLA NUOVA SIBERIA (*NOVOSIBIRSKIYE OSTROVA*)

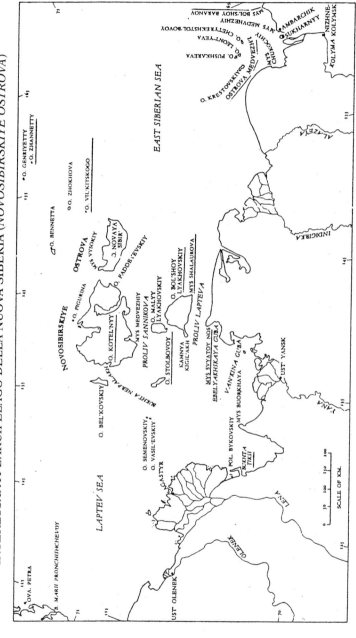

Fonte: L.M. STAROKADOMSKIY, *Charting the Russian Northern Sea Route: the Arctic Ocean Hydrographic Expedition 1910-1915*, Montreal and London, Arctic Institute of Noth America/Mc Gill-Queen's University Press, 1976, p. XXXII (adattato e modificato).

FIGURA 14
LE DESOLATE COSTE SIBERIANE AFFACCIATE ALLO STRETTO
DI VIL'KITSKIJ FRA LA TERRA DEL NORD E LA PENISOLA DI TAJMYR
(Ripresa: Agosto 2005)

(fig. 15), mantenendo caratteristiche di fondali bassi, morfologicamente piatti e mediamente attestati attorno ai 40 metri sotto il livello marino (ANDERSON, 1959, pp. 73 e 109). La via di transito verso il bacino precedente è costituita dallo Stretto di De Long, ampio 75 miglia, corrispondenti alla distanza fra il continente e l'isola di Wrangel.

Le condizioni di operatività della rotta

I fattori fisici che limitano in modo determinante la scorrevolezza del traffico navale sono numerosi e interagiscono secondo modalità complesse, ma in termini analitici possono essere individuati cinque maggiori ostacoli: bassi fondali, tipici dei mari cui si affaccia la Siberia; condizioni meteorologiche di cielo coperto e temperature rigide, con l'aggravante della persistenza della notte polare nel corso della stagione invernale; stato, natura, età ed estensione dei ghiacci

FIGURA 15
LA COSTA ALASKANA AFFACCIATA AL MAR DEI ČUKČI
(Ripresa: Agosto 2002)

marini; movimento delle correnti; elevata instabilità dei dispositivi di orientamento funzionanti sulla base del campo magnetico terrestre. Il motivo degli specchi di mare di limitata profondità spinge all'impiego di bastimenti con bassa capacità di carico, inferiore alle 15.000 tonnellate di stazza lorda (BARR, 1976, p. XVI).

Con riferimento poi ai distinti periodi di attività necessariamente condizionati dalla scansione termica e dalla conseguente presenza dei ghiacci marini, due fasi principali di durata ben diversa restano definite nel corso dell'anno[3]. Si distinguono in questo modo la sta-

---

[3] Estremamente significativa a tal riguardo è l'escursione termica annuale di 26°C che si registra nel porto di Arcangelo sulle coste interne del Mar Bianco. La temperatura media del mese più freddo, gennaio, è di –12°, quella del mese più caldo, luglio, è di 14°, a denotare un tipo climatico caratterizzato da inverni lunghi e rigidi, ed estati brevi e fresche. Per l'andamento in carta delle isotere e delle isochimene europee dall'Atlantico agli Urali e dal Mediterraneo al Mar di Barents, si veda DOGE (1988, p. 27).

gione favorevole legata al breve disgelo artico che offre le migliori opportunità navigazionali e permette il trasporto delle maggiori percentuali del carico annuale totale, e la stagione estesa che abbraccia l'autunno, l'inverno e la primavera e per la quale si rende indispensabile un appoggio rinforzato con l'intervento delle unità rompighiaccio (TAMVAKIS, GRANBERG e GOLD, 1999, pp. 229-230). In rapporto a questi motivi e alle esigenze mercantili, da occidente verso levante due linee di traffico risultano attivate con maggiore intensità e frequenza. La prima è diretta verso est dai porti principali di Murmansk (fig. 16) e Arcangelo verso le aree di rilevanza economica distese lungo il corso dei fiumi Ob e Jenisej; la seconda si rivolge verso nord-ovest attraverso lo Stretto di Bering per raggiungere i porti della costa siberiana localizzati fra il delta della Lena e l'apparato di foce del Kolyma. Di minore peso in termini di movimento navale e trasporto merci è invece l'intero percorso dispiegato dal Mar di Barents al-

FIGURA 16
IL PORTO E LA CITTÀ DI MURMANSK SUL MAR DI BARENTS
(Ripresa: Luglio 2005)

l'Oceano Pacifico, anche se viaggi occasionali non hanno mancato di essere effettuati per ragioni particolari (Barr, 1976, p. XV).

Più in dettaglio, i vascelli in transito procedono dalla costa di Murmansk verso il Mar Bianco per toccare Capo Kanin Nos, l'isola di Kolguev e il Mar di Kara, dove la mutevole distribuzione dei ghiacci marini impedisce che un corso fisso e definito sia seguito con sistematica regolarità. Conseguentemente la particolare caratterizzazione morfo-ambientale rende necessario l'impiego di navi rompighiaccio di scorta. Diviene obbligatoria l'assistenza alla navigazione nei seguenti tratti: lo Stretto di Vil'kitskij fra la penisola di Tajmyr e l'arcipelago della Terra del Nord; lo Stretto di Šokal'skij poco più a settentrione, nelle stesse acque; lo Stretto di Laptev; lo Stretto Sannikov.

I servizi dispiegati a sostegno della navigazione si presentano in forma articolata, garantita sia dal ricorso alle unità incaricate di aprire il varco tra i ghiacci, sia dalla sorveglianza terrestre, aerea e spaziale. Per quanto riguarda il primo punto, l'adozione di soluzioni tecniche di avanguardia: una speciale configurazione dello scafo, motori potenti, protezioni particolari per le parti più delicate quali il timone, ha reso i rompighiaccio in grado di affrontare e percorrere le vaste distese interessate dalla banchisa nella regione artica con sempre maggiore sicurezza e affidabilità [4].

Le tecniche di telerilevamento sono poi impiegate per raccogliere i dati indispensabili sulle condizioni del mare e la copertura gelata [5]. Possono fare affidamento sugli elicotteri, sia di base sulla costa che lanciati dalle stesse unità di appoggio, su aerei in volo alla quota di 6.000 m, ottimale per una visione sinottica dei settori di banchisa,

---

[4] Le caratteristiche tecniche dettagliate delle distinte tipologie di naviglio che compongono la flotta russa operante nel settore artico – *Polar Icebreakers*; *Cargo Ships*; *Lash Carriers*; *Auxiliary Ships* – vengono indicate nelle serie informative emesse dalla *Murmansk Shipping Company* di base nell'omonimo porto della Penisola di Kola (15, Ulica Kominterna).

[5] Applicazioni di *remote sensing* rivolte all'«operational sea ice monitoring» tramite l'uso di immagini RADAR spaziali hanno continuato a evidenziare ampie potenzialità nel campo d'indagine sullo spessore e le discontinuità della banchisa polare. Il corso odierno delle unità navali attraverso le acque dello stretto compreso fra Capo Čeljuskin e la Terra del Nord (dove la spedizione russa nel 1914 rimase bloccata dai ghiacci marini con due vascelli e costretta a svernare *in loco*) viene marcato in Louet e Levrini (1998, p. 33), attraverso *Radarsat data* forniti da NERSC (Bergen, Norvegia) nel 1997.

e infine sulle immagini fornite dai sensori satellitari (BARR, 1976, p. XVI). Altre infrastrutture di supporto alla navigazione sono rappresentate da stazioni polari con personale operativo, fari e radiofari scaglionati lungo il profilo litorale.

Il retroterra economico della Northern Sea Route

Il sistema regionale di gravitazione sulla Via marittima del Nord è rappresentato dalla enorme estensione del retroterra siberiano con le sue vaste riserve di materie prime a carattere forestale, energetico e minerario. In un allargato insieme di paesaggi naturali, differenziazioni ambientali e comprensori antropici i fiumi vengono a costituire in modo privilegiato gli assi fondamentali di strutturazione territoriale e di percorrenza storica. L'attuale sistema economico-organizzativo della dilatata regione asiatico-settentrionale si fonda sul diramarsi dei tre principali corsi d'acqua che lo percorrono verso lo sbocco sulla fronte litorale del Nord: l'Ob; lo Jenisej; la Lena, in successione da ponente verso levante.

Il grande golfo-estuario dell'Ob ospita lo scalo di Novy Port, divenuto base operativa per la realizzazione degli oleodotti, mentre l'allungato saliente della vicina Penisola di Jamal genera carichi di gas condensato. Sul basso corso del fiume Jenisej, localizzato al limite nord-orientale del Bassopiano Siberiano Occidentale, si collocano i due porti fluviali di Igarka e Dudinka, notevoli rispettivamente per l'invio di legnami e metalli non ferrosi insieme a solfuri misti. La localizzazione dei centri, posta a nord del Circolo Polare Artico, rende estremamente difficoltose le condizioni operative perché il *permafrost*, durissimo, ostacola la posa di opere infrastrutturali e complessi edilizi, per poi cedere lentamente nel corso degli anni per effetto del peso e del calore trasmesso dalle fondazioni sovrastanti. Di conseguenza aumentano a dismisura i costi di manutenzione ed esercizio dei complessi urbano-portuali [6], divenuti comunque negli anni del-

---

[6] L'«inferno ingegneristico», l'«arido ancoraggio» e la trama residenziale-abitativa di Dudinka vengono annotati dall'esploratore e narratore inglese Colin Thubron nel diario del viaggio condotto in Siberia dopo il crollo dell'Unione Sovietica (THUBRON, 2000, pp. 136-137).

l'economia pianificata sovietica due fra i «world's northermost ports» (*Siberia*, 1985, p. 120).

Sotto il profilo amministrativo della Federazione Russa, Dudinka, con 32.325 abitanti nel 1995, è il capoluogo del Circondario autonomo del Tajmyr, vastissimo comprensorio di 862.100 km^2 posto nel settore settentrionale del Territorio di Krasnojarsk. Con una densità di popolazione di 0,04 abitanti/km^2 e le 44.300 persone complessive (stimate per il 1999) prevalentemente concentrate nel nucleo urbano principale, l'area risulta affetta da un carico demografico estremamente labile e rarefatto (*Calendario Atlante...*, 2000, p. 807). Poco più a est, sulle ultime propaggini nord-occidentali dell'Altopiano della Siberia Centrale, sorge il grande complesso minerario-metallurgico di Noril'sk, dove risultano attivati l'estrazione e il trattamento di rame, nichelio, metalli nobili e rari. La concentrazione degli impianti industriali produttivi ha introdotto inevitabilmente un marcato impatto ambientale e il nichel in particolare, in quanto elemento pesante della tavola periodica, esercita un inquinamento che si diffonde nel «raggio di centinaia di chilometri» attraverso il fenomeno delle piogge acide (THUBRON, 2000, pp. 101 e 140). Negli anni Novanta Noril'sk costituiva in «queste aree marginali dell'ecumene» una «città popolosa» con 169.000 residenti. Fondata nel lontano 1935, rappresenta oggigiorno uno dei centri più rilevanti a nord del Circolo Polare Artico sotto il duplice profilo sia demografico che del peso economico. Una linea ferroviaria lunga poco meno di un centinaio di chilometri la collega allo scalo fluviale di Dudinka, in modo tale da consentire lo smistamento delle correnti in entrata e uscita (*Enciclopedia Geografica...*, 1995, pp. 901 e 926).

Entro la baia terminale del corso dello Jenisej sorge infine il centro costiero di Dikson, mentre in corrispondenza della foce del fiume Lena si pone il porto marittimo di Tiksi cui fa capo il convogliamento delle riserve boschive. La generazione dei carichi lungo le vie di trasporto della vasta regione produttiva conosce una distinzione fondamentale fra il traffico interno e i flussi proiettati a scala internazionale. Risorse forestali, energetiche e minerarie vengono a costituire le principali categorie merceologiche movimentate lungo gli assi di scorrimento (TAMVAKIS, GRANBERG e GOLD, 1999, p. 227). Con riferimento alla bilancia commerciale, una ulteriore suddivisione può essere avanzata, con il carbone inserito fra i prodotti in entrata, mentre in uscita si allineano legnami, metalli non ferrosi, nichelio, rame, solfuri, carbone e condensato.

L'analisi delle potenzialità di traffico lungo le coste siberiane parte dai più sostenuti flussi mercantili attualmente in transito via Suez e che potrebbero essere in parte inoltrati attraverso la rotta del Nord: cereali; fertilizzanti, elaborati chimici e petrolchimici; cartacei; minerali metallici; cemento. A un livello di maggiore valore aggiunto trovano posto gli autoveicoli, manufatti elettrici, prodotti dell'elettronica, parti per la componentistica. In rapporto alla capacità produttiva, alla vasta disponibilità di risorse della regione siberiana ed alle prospettive future, quattro risultano attualmente gli aggregati, fra materie prime e fonti energetiche, di elevato interesse economico: idrocarburi, gas naturale e petrolio in primo luogo, provenienti da diversi distretti sia sulla terraferma che in *off-shore*; metalli ferrosi, legati all'enorme estensione del blocco continentale siberiano di antica genesi geologico-strutturale (VIALLI, 1969, 152-153); fertilizzanti dai giacimenti di apatite del Hatanga (sulla fronte orientale della tozza Penisola del Tajmyr); legnami dalle sconfinate distese della *taiga*, la foresta boreale a conifere, dove emergono i distretti della Carelia, di Arcangelo e della Pečora (TAMVAKIS, GRANBERG e GOLD, 1999, pp. 244-248). Nella decade degli anni Settanta il volume complessivo delle risorse forestali inoltrate dallo scalo fluviale di Igarka risultava collocarsi attorno alle 600.000 tonnellate metriche (BARR, 1976, p. XV).

La pesca rientra fra le attività economiche stimolate dallo sviluppo spaziale della via marittima e dagli ambiti litorali da questa attraversati. La gestione delle risorse ittiche riguarda principalmente il Mar di Barents, con fenomeni degenerativi di sovrasfruttamento e conseguente crisi produttiva prodottisi alla fine degli anni Sessanta (FRIOLO, 1987, p. 450), e gli specchi d'acqua pertinenti alle foci, sia deltizie che a estuario, dei grandi corsi d'acqua siberiani. Aringhe, merluzzi e passere di mare rappresentano le speci marine di maggiore interesse, mentre storioni e *whitefishes* restano associati alle acque dolci e salmastre delle sezioni fluviali terminali (BUTLER, 1978, pp. 63-64).

All'alto corso delle rilevanti aste di drenaggio si raccorda la ferrovia transiberiana, l'asse storico principale lanciato da occidente verso oriente negli anni compresi fra il 1891 e il 1903. Con i suoi consistenti flussi di trasporto di materie prime, risorse energetiche, merci e passeggeri «assicura da sola un sesto del traffico ferroviario» della Federazione e «resta il principale asse vitale dell'Asia russa» (*Enciclopedia Geografica...*, 1995, p. 915).

L'organizzazione territoriale complessiva della dilatata regione risulta quindi fondata su un circuito di itinerari di percorrenza allungati sia secondo i paralleli che sulla base dei meridiani. Alle latitudini di riferimento di 55° e 75° N sono raccordate rispettivamente la linea ferroviaria meridionale e quella marittima a settentrione, mentre le direttrici sud-nord restano animate dall'eccezionale portata delle correnti fluviali dirette verso il Mar Glaciale Artico. Il movimento navale attivo in questo sistema integrato fluvio-marittimo è costituito nel suo insieme da scafi rompighiaccio, navi da carico mercantile, battelli fluviali, imbarcazioni peschereccie e trasporti speciali. Due eventi del tutto eccezionali hanno avuto luogo con l'inoltro, rispettivamente nel 1970 e nel 1971, di due centrali energetiche galleggianti che venivano rimorchiate l'una dal fiume Ob al Kolyma, la seconda dall'Ob alla Pečora lungo la linea di comunicazione appoggiata sotto costa (Barr, 1976, pp. XVI-XVII). Anche una gru ad autotrazione, costruita in Ungheria e fatta pervenire a Dudinka dopo aver risalito il corso dello Jenisej, nonché un pontile galleggiante dei cantieri baltici si inseriscono nel novero delle tipologie di mezzo transitate per il circuito nord-siberiano.

La veicolazione dei carichi e l'antropizzazione dell'ampio retroterra gravitante sulla rotta artica non ha mancato di ingenerare forti problemi nei termini di una pressione demografica ed economica eccessiva a carico del territorio coinvolto. I contraccolpi inevitabili di matrice ecologica, sociale e culturale si sono manifestati sotto diversi aspetti: inquinamento e degrado ambientale, deculturazione etnica, rimozione delle forme tradizionali di uso del suolo, emarginazione e violazione dei diritti delle popolazioni native sradicate dai generi di vita consolidati all'interno della vasta regione (Osherenko, 1997, pp. 34-36).

In un quadro di evoluzione territoriale marcato da luci e ombre e contrassegnato da ricorrenti, quasi obbligate linee di penetrazione economica, emerge comunque il ruolo propulsore dei porti fluviali, gli autentici nodi di interscambio cui storicamente si è appoggiato e ai quali continua a guardare il processo di popolamento e sviluppo della Siberia intera.

Evoluzione storica del servizio marittimo

I primi esempi conosciuti di utilizzazione del corridoio di transito artico risalgono già alla seconda metà del Cinquecento a opera dei commercianti russi di pellicce, nonostante i vasti margini di incertezza che gravano sulla conoscenza specifica dei luoghi e che sono destinati a perdurare (fig. 17) nel secolo successivo[7]. Pionieri intraprendenti avviano una linea di collegamento che parte dalle basi sul Mar Bianco e raggiunge la foce del fiume Ob per risalirne la corrente e inoltrarsi nelle ramificazioni del vasto bacino idrografico, dove viene praticata la redditizia attività di caccia. Due provvedimenti del governo centrale di Mosca intervengono però nel 1616 e nel 1619 per disattivare il circuito di traffico basato sulla via marittima. La proibizione mira chiaramente a privilegiare lo sviluppo degli itinerari terrestri e fluviali tesi verso meridione, meno remoti, meglio conosciuti e di conseguenza più facilmente controllabili, con netti vantaggi economici nella possibilità di imporre un regime di pedaggi e prelievi fiscali (BARR, 1976, p. XVII).

Nel successivo «secolo dei lumi» una tappa fondamentale per l'esplorazione dei margini litorali siberiani viene dalla «Great Northern Expedition», condotta dal 1733 al 1743 e coordinata dal capitano di vascello danese Vitus Bering, impiegato nella Marina imperiale russa (*ibidem*, p. XIX). In corso d'opera verranno percorse e cartografate le

---

[7] Il profilo schematico attribuito alle coste dell'Asia settentrionale nella prima metà del Seicento e redatto nella forma di una spezzata con lunghi tratti ad andamento complessivo rettilineo è visibile in *Asia noviter delineata*, Willem Blaeu (1617) e in *Nova Totius Terrarum Orbis Geographica Ac Hydrographica Tabula*, del medesimo (1630). Tozzo e scarsamente articolato compare pure lo sviluppo litorale orientale di fronte all'*OCEANUS OCCIDENTALIS* e all'*OCEANUS CHINENSIS*. In entrambe il *Fretum Anian* si protende nella forma di un lungo corridoio interposto fra le due coste parallele dell'Asia e dell'*AMERICA SEPTENTRIONALIS* (*Gran Atlas...*, 2000, pp. 190-191 e 24-25).

FIGURA 17
LA FRONTE ASIATICA SETTENTRIONALE NELLA
Nova Totius Terrarum Orbis Geographica Ac Hydrographica Tabula,
Willem Blaeu (1630)

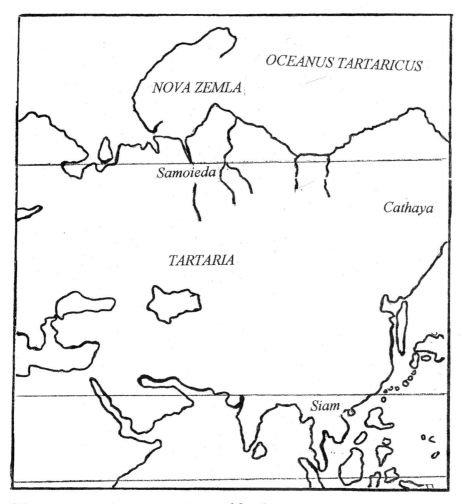

(Disegno e repertorio toponomastico semplificati)

coste settentrionali asiatiche secondo un piano di lavoro basato sull'individuazione di sezioni distinte da Arcangelo alla regione dell'Anadyr, in modo tale da poter colmare con sistematicità le numerose aree di incertezza ancora persistenti nella conoscenza della vasta regione[8]. Le operazioni culminavano con la puntata dell'esploratore Čeljuskin, il quale verso la fine del periodo in questione giungeva a doppiare il capo più settentrionale della tozza Penisola di Tajmyr, agli estremi limiti della vasta massa di terraferma asiatica (NEWBY, 1976, p. 148). A ricordo dell'impresa il saliente nordico deve la sua individuazione geografica attuale al nome dell'uomo di frontiera russo che per primo lo raggiunse. Bering dal canto suo aveva già effettuato una serie di circuiti spedizionari dal Mar di Ohotsk alla «costa del Camciatca», dove dimostrava la separazione della penisola dall'arcipelago giapponese e quindi la necessità di un tratto di rotta ulteriore per raggiungere Hokkaido a Meridione. Verso le latitudini più elevate era invece giunto a toccare la punta nord-orientale del continente asiatico per proseguire sino alle rive dell'Alaska. Veniva in questo modo confermato «il completo distacco» fra i due continenti asiatico e nordamericano e si conferiva pieno «riconoscimento scientifico» all'esistenza dello stretto che proprio da Bering ha derivato la sua denominazione nella toponomastica internazionale ufficiale (*Enciclopedia Italiana...*, 1951, VI, pp. 715-716).

Largamente incompleto si presentava agli inizi dell'Ottocento il panorama geografico conosciuto a riguardo delle masse di terra emersa che fronteggiavano la sezione settentrionale del continente asiatico[9]. Il Passaggio a Nord-est verrà forzato per la prima volta da

---

[8] Ancora agli inizi del XVIII secolo, la fronte costiera siberiana a oriente della Novaja Zemlja e la porzione asiatica nord-orientale in corrispondenza del Circolo Polare Artico compaiono del tutto prive di definizione nel *Mappemonde dressée sur les observations de Mrs de l'Académie des Sciences et quelques autres et sur les mémoires les plus recens* di Guillaume Delisle (1700). Derivato da un «centinaio di posizioni astronomiche» il mappamondo si ritrova a ridurre «l'estensione dell'Asia» aumentando quella del Pacifico (*Segni...*, 2001, p. 110). Dal canto suo la *Nova Totius Terrarum Orbis Tabula* di Frederick de Wit (ca. 1705-1706), dotata di un elegante impianto iconografico (*ibidem*, p. 102), riprende la tozza sagomatura già delineata dal Blaeu per descrivere i margini settentrionali e orientali asiatici.

[9] Lo stato incompleto delle conoscenze scientifiche riguardanti la vasta regione artica in generale e la fronte asiatica settentrionale in particolare intorno alla metà dell'Ottocento è riscontrabile in *The World on Mercators Projection...*, estratta da *The Illustrated Atlas and Modern History of the World* (Londra, 1851), dove solo le *Spizbergen*, la *Nova Zembla* e le *New Siberian Islands* compaiono nelle distese dell'*Arctic Ocean* di fronte all'Asia. Nella stessa carta anche l'Arcipelago Artico Canadese appare del tutto ancora sprovvisto di dettagli (POTTER, 1990, p. 20).

Nordenskjöld nel periodo 1878-1879 con la baleniera «Vega» (NEWBY, 1976, pp. 240-241). Il primato storico è accompagnato da una larga messe di osservazioni scientifiche che risulteranno di valido ausilio quale supporto tecnico per le operazioni navali che verranno intraprese nelle fasi seguenti [10]. La successiva impresa di Nansen, condotta nel corso dell'ultima decade del secolo, resta alla base di una scoperta scientifica di grande rilevanza per la navigazione nell'Artico. La crociera della sua unità, battezzata «Fram» e fatta rinserrare dai ghiacci a partire da un punto situato a ovest dell'arcipelago della Nuova Siberia, dimostra l'esistenza della possente deriva artica diretta verso occidente e lo sbocco nell'Oceano Atlantico. Comunque a tutto il 1905 non vi era ancora una navigazione commerciale a interessare i mari dei Čukči, della Siberia Orientale e di Laptev e di conseguenza restava scoperta l'ampia fronte costiera compresa fra lo Stretto di Bering e la penisola del Tajmyr. Le operazioni si arrestavano all'interno del Mar di Kara dove effettivamente nel corso dello stesso anno un risultato di tutto rilievo veniva conseguito quando un massiccio convoglio comprendente quattro vapori, altrettanti rimorchiatori, undici bettoline e due rompighiaccio raggiungeva la foce dello Jenisej.

La guerra russo-giapponese, divampata violentemente con l'impiego di «nuovi mezzi di difesa e di offesa» (SPINI, 1963, III, pp. 309-310), il carico di merci intensificato sulla ferrovia transiberiana di recente ultimazione, la necessità di creare una alternativa commerciale praticabile per i flussi mercantili rivolti verso oriente, ancora l'opportunità di inviare squadre da combattimento dal Mar Baltico al Pacifico costeggiando soltanto le rive del territorio di sovranità ed evitando il lunghissimo periplo dell'Oceano Indiano, introducono nel contempo una serie di ragioni di matrice squisitamente militare-strategica

---

[10] Un utile esempio dell' attenzione rivolta agli sviluppi della navigazione polare risulta evidenziato nella *Spitsbergen. Compiled principally from the Observations Made during the Sweedish Expedition in 1861-4* di Dunér e Nordenskjöld (1868), dove compare una dettagliata restituzione dell' arcipelago delle Svalbard, mentre con riferimento all'Arctic Sea viene indicata, di poco discosta dalla fronte settentrionale delle isole, la linea corrispondente all'«Approximate Northern limit of the Navigable Water at some seasons of the year», il tutto accompagnato da numerose misure di profondità (CONWAY, 1995, allegati).

per il potenziamento della linea marittima dell'Artico (BARR, 1976, pp. XXI-XXII).

L'umiliante scacco subito a opera delle forze nipponiche provoca quindi una accelerazione dei programmi di rilevamento idrografico dei remoti e poco conosciuti litorali nord-orientali e nel corso del 1910 decolla la progettualità di una serie di viaggi che verrà denominata l'«Arctic Ocean Hydrographic Expedition». In rapporto alle finalità navigazionali i due temi di investigazione di maggior interesse lungo la costa siberiana sono costituiti dalla profondità dei fondali e dalla distribuzione-compattezza dei ghiacci marini[11]. La conoscenza del sistema morfo-climatico litorale è divenuta in termini perentori una base imprescindibile nella prospettiva di lanciare una rotta affidabile dal Pacifico all'Atlantico lungo il margine asiatico rivolto a mezzanotte. Il dottor Starokadomsky, imbarcato in qualità di medico di bordo sulla «Tajmyr», si prese cura del resoconto ufficiale della spedizione. L'autore morì a Mosca nel gennaio 1962, dopo una vita interamente dedicata all'esercizio della professione nell'ambito delle missioni di esplorazione artica, con particolare riferimento a quelle indirizzate a permettere lo sviluppo di regolari sistemi di comunicazione a dispetto delle peculiari ostilità ambientali. In occasione dei numerosi passaggi sottocosta non mancò di portare aiuto, quando possibile, alle popolazioni indigene bisognose di cure mediche, dando prova di elevata professionalità e forte spirito umanitario.

Il 30 agosto 1910 partiva la primissima puntata esplorativa, condotta sull'itinerario: Vladivostok-Petropavlovsk (nella penisola di Kamčatka)-Zaliv Providenija (localizzata poco a sud dello Stretto di Bering)-Capo Dežnev (proteso a nord del varco)-Uelen (sulle coste del Mare dei Čukči). Dopo una breve puntata sino a Capo Inčoun, i ghiacci costringono il 3 ottobre la squadra al ritorno alla base di partenza (STAROKADOMSKY, 1976, pp. 31-39).

Il secondo viaggio artico inizia il 4 agosto 1911 a Vladivostok in un clima di festosità. Una volta valicato lo Stretto di Bering le tappe

---

[11] In merito ai criteri di osservazione della copertura del mare numerosi e articolati sono i termini descrittivi utilizzati per inquadrare le diverse tipologie di masse gelate incontrate nel corso delle distinte spedizioni: *young ice*; *pankake ice*; *grease ice*; *one year old ice*; *multi-year old floes*; *packed ice*; *landfast ice*; *brash ice*. Per i corrispondenti in lingua italiana, si veda VIALLI (1969, pp. 191-193).

successive vengono a interessare Uelen; Capo Vankarem, allungato nel Mar dei Čukči; la foce del fiume Amguema; Capo Severny; Mys Billingsa; Capo Šelagsky, di fronte al Mar della Siberia Orientale e infine Capo Bolšoj Baranov, posto nei pressi della foce del fiume Kolyma. L'avanzamento del programma spedizionario comporta una accurata compilazione di cartografia nautica costiera utile per l'organizzazione del collegamento che si vuol tendere da Vladivostok lungo tutto il tratto in questione. Durante il viaggio di ritorno la nave «Vaygač» effettua una ricognizione dell'isola di Wrangel (Ostrov Vrangelya), localizzata poco più a nord della rotta impiegata. Il 28 ottobre si produce l'arrivo alla base con risultati scientifici di grande rilievo anche sul piano pratico-tecnico, quali la fissazione di caposaldi per i rilevamenti astronomici, una serie di osservazioni magnetiche, le collezioni zoologiche, lo studio e l'assistenza medica alle popolazioni rivierasche incontrate nel corso degli sbarchi (*ibidem*, 1976, pp. 41-69). Il 13 giugno dell'anno seguente riprende la navigazione estiva con il rilevamento delle coste della penisola di Kamčatka. A fine luglio segue l'ingresso nel Mar Glaciale Artico con l'esplorazione dell'arcipelago Ostrova Medvež'y, disseminato di fronte alla foce del fiume Kolyma, e il raggiungimento dell'isola Bolšoj Ljahovsky, appartenente alle Isole della Nuova Siberia. In questo punto avanzato le condizioni dei ghiacci marini pongono serie difficoltà all'ulteriore procedere della missione e dei rilevamenti conoscitivi, che comunque non vengono interrotti. Verso nord-ovest, nei pressi di Ostrov Stolbovoj, viene scoperto un enorme blocco di ghiaccio fossile prima di coronare la puntata spedizionaria nel sito di Buhta Tiksi, immediatamente a est della foce del fiume Lena. Ancora una volta la messe dei dati scientifici conseguiti è cospicua, con 10.925 e 11.121 miglia di ricognizioni effettuate rispettivamente dalle due unità navali impegnate lungo il percorso. Il tutto resta arricchito da rilevamenti astronomici, osservazioni magnetiche e meteorologiche, misure di profondità, collezioni zoologiche e studi sul plankton (*ibidem*, 1976, pp. 72-100).

Nel 1913 la navigazione si indirizza decisamente verso il Mar Glaciale Artico aperto con un passaggio condotto a nord delle Novosibirskije Ostrova (*ibidem*, 1976, p. 121) lungo una rotta che si ricongiunge a Capo Čeljuskin (raggiunto dopo un viaggio in slitta sui ghiacci marini) e permette il primo avvistamento della Terra del

Nord, per poi concludersi con una visita in Alaska. La missione si proponeva fra gli obiettivi il superamento del saliente verso ovest, ma doppiare l'estrema punta settentrionale della terraferma asiatica diviene impossibile a causa dell'inaspettata presenza di un vasto campo di ghiaccio che ricopre il mare sino alla costa [12]. Costretta a piegare verso nord in cerca di un passaggio di acque libere, il 2 settembre la piccola squadra navale impegnata nell'operazione incontra una nuova massa emersa, non presente sulle carte in corrispondenza della posizione al momento raggiunta. Si tratta di una nuova scoperta geografica: l'isola viene battezzata con la denominazione di Maly Tajmyr, derivata dalla vicina penisola che si protende a mezzogiorno. Una prima ricognizione evidenzia come il terreno sia gelato e si distenda in una desolata striscia di sabbia costellata di piccole rocce. Nella notte fra il 2 e il 3 settembre 1913 appare un'isola più vasta, situata a nord-ovest della precedente e caratterizzata da alte montagne con ripide pareti a picco sul mare; in un secondo tempo riceverà la designazione di Ostrov Bol'ševik. Le due navi iniziano subito una prima serie di rilevamenti condotti rispettivamente lungo i due profili settentrionale e meridionale della costa e comprendenti operazioni di scandaglio della profondità del mare, osservazioni magnetiche, raccolta di campioni geologici, analisi meteorologiche, ricerca delle tracce di vita animale. Misure astronomiche di precisione condurranno alla determinazione delle coordinate di 80° 04' di latitudine N e 97° 12' di longitudine E, nel settore più settentrionale del terreno di indagine (Bover, 1988, pp. 48-49).

Il 4 settembre il capitano Vil'kitskij, al quale resta dedicato nella toponomastica locale lo stretto allungato fra la Terra del Nord e la Penisola del Tajmyr, procede con la dichiarazione di annessione della nuova terra all'Impero Russo, atto completato attraverso la cerimonia solenne dell'alzabandiera. La presenza di vasti campi di ghiaccio marino che ostacolano seriamente il proseguimento della navigazio-

---

[12] «The presence of a consolidated ice field in this area was difficult to explain. Generally we had encountered large accumulations of close ice only in shallow water, not infrequently due to hummocks grounded on shoals, which held in the pack ice». La ragione cui resta legata la sorpresa è quindi costituita dalla profondità, perché nel punto raggiunto a «only ten miles from the coast, the depths reached almost 200 m. In these depths, the ice moves freely with wind and current» (Starokadomsky, 1976, p. 134).

ne rendono a questo punto sconsigliabili ulteriori ricerche *in loco*. Sarà la spedizione Ušakov del 1930-1932, giuntavi col rompighiaccio «Sedov» (*Enciclopedia Italiana*..., 1951, XXIV, p. 914), a esplorare sistematicamente l'arcipelago, stabilendo che lo compongono quattro isole principali, vari lembi emersi isolati e ancora affioramenti minori riuniti in raggruppamenti secondari per una superficie complessiva di 36.712 km^2. I risultati generali raggiunti a conclusione della campagna del 1913 comprenderanno comunque oltre all'arcipelago, inserito nel novero delle estensioni conosciute e inquadrato sotto sovranità russa, 1125 nuove miglia di costa rilevata con la determinazione di 3200 punti e misure di profondità, coinvolgendo in tutto 6375 miglia percorse (STAROKADOMSKY, 1976, pp. 139-175).

Il corso spedizionario degli anni 1914-1915, sempre sotto la guida del capitano Vil'kitskij (TAVERNIER, 1972, p. 253) porta alla scoperta di un'altra isola nell'arcipelago della Nuova Siberia (STAROKADOMSKY, 1976, p. 194) seguito da un rilevamento più dettagliato delle coste della Severnaja Zemlja. Ma interviene una circostanza avversa. Nel mese di settembre del 1914 la coltre dei ghiacci marini in superficie si fa più spessa, sino a impedire l'ulteriore proseguimento verso occidente. Le due navi restano bloccate a piccola distanza l'una dall'altra e lo svernamento resta obbligato nel braccio di mare compreso fra la penisola del Tajmyr e la Terra del Nord, alla latitudine di 76° 40' N e alla longitudine di 100° 30' E (*ibidem*, p. 209). I lunghi mesi dell'inverno e della notte artica permetteranno l'osservazione diretta dei fenomeni geomagnetici connessi all'*Aurora borealis*.

Una volta ripreso il libero corso, agli inizi di agosto del 1915 sarà possibile raggiungere la vicina foce del fiume Tajmyr per proseguire ormai nel Mar di Kara sino alle isole Diksona e Sverdrup di fronte alla foce del fiume Jenisej. Le tappe successive interessano lo Stretto di Jugorsky Šar, a sud-est della Novaja Zemlja, e Capo Kanin Nos proteso all'imboccatura del Mar Bianco. Lo scalo di Arcangelo rappresenta la conclusione dell'odissea, a suggello di una impresa di grande valenza per la storia delle esplorazioni polari e della navigazione (*Siberia*, 1985, pp. 118-119). Era stata in effetti completata la traversata completa del Passaggio di Nord-est dall'Oceano Pacifico al Mar Bianco.

Il ciclo di missioni ricognitive della «Arctic Ocean Hydrographic Expedition» descritta dallo Starokadomsky poteva raccogliere un soddisfacente bilancio di risultati scientifici e tecnici conseguiti. Anche dal punto di vista applicativo la messe di misure astronomiche di posizione e le osservazioni effettuate in merito alle profondità marine, all'andamento delle correnti e alla distribuzione dei ghiacci consentivano la ricostruzione di estese porzioni di fondale dei mari prospicienti la Siberia e la stesura di precise indicazioni secondo le quali conformare la navigazione nei remoti settori attraversati. In termini operativi venivano gettate le basi per la fattibile utilizzazione della rotta artica [13].

Una volta concluso il primo conflitto mondiale e dopo i drastici mutamenti di regime politico intervenuti in Russia, potranno riprendere le operazioni per l'apertura del nuovo canale di percorrenza marittima. Nel 1932 ha luogo la crociera del «Sibirjakov» protagonista dello storico primo attraversamento del Passaggio di Nord-est in una sola stagione (due mesi e quattro giorni) sul tragitto «orientale» (BASSO, 1967, pp. 202-203), teso da Arcangelo sino all'Oceano Pacifico.

L'anno seguente l'apertura alla navigazione mercantile dei bracci di mare fronteggianti la Siberia viene inserita nel secondo piano quinquennale formulato dalle autorità sovietiche del governo centrale, nell'ambito dei programmi di sviluppo delle regioni artiche (BUTLER, 1978, p. 57). Più in dettaglio si puntava alla promozione di un sistematico sfruttamento di quelle risorse disponibili per rientrare utilmente nei progetti di industrializzazione dell'economia nazionale. Cominciano così fra mille difficoltà i primi viaggi di navi mercantili dirette ai porti dell'Alto Nord secondo uno o l'altro dei due sensi di percorrenza. Eventi notevoli si succedono nella fase di primo avvio della gestione. Nel 1935 le unità rompighiaccio cominciano a operare regolarmente in appoggio alla navigazione nei distinti tratti della rotta. Sotto il duplice profilo dello sviluppo del movimento marittimo e del traffico commerciale l'anno rappresenta quindi una tappa di grande importanza. Quattro navi da carico, l'«Anadyr» e la «Stalin-

---

[13] «The activities of our expedition over the five-year period 1910-1915 have been called, not without reason, the beginning of the practical opening up of the Northern Sea Route. I have already noted that for a long time the hydrographic work of our expedition served as the only source of information about navigation conditions in the eastern part of the Arctic Ocean, in the Chukchi, East Siberian and Laptev seas» (STAROKADOMSKY, 1976, p. 263).

grad» da Vladivostok a Murmansk, la «Vantsetti» e l'«Iskra» lungo la stessa direzione ma in senso contrario completano la lunga traversata con pieno successo. All'impresa si aggiungono altri due risultati di rilievo. In primo luogo il mercantile «Rabočy» effettua il viaggio di andata e ritorno fra Arcangelo e la foce del fiume Kolyma, sbarcando il suo carico a destinazione; infine il rompighiaccio «Sadko» raggiunge gli 82° 41'6" N, stabilendo il primato settentrionale di latitudine (STAROKADOMSKY, 1976, p. 269). Un momento di gravissima emergenza si produce nel 1937, quando ventisei unità, fra cui sette provviste di prua rinforzata, vengono intrappolate dalla banchisa e sono costrette a svernare in mezzo al mare gelato in attesa di essere recuperate con l'arrivo della stagione propizia dell'anno successivo.

Nel corso del secondo conflitto mondiale non vengono a mancare le attività di ricerca idrografica e di trasporto merci a favore dei centri della costa siberiana (BUTLER, 1978, p. 59). La fine degli eventi bellici vede la ripresa del traffico commerciale fra l'Europa occidentale e la Siberia, canalizzato lungo la via settentrionale e stimolato dalla richiesta britannica di legname. Già dai primi anni del dopoguerra non mancano però di riemergere le valenze strategiche del settore in rapporto all'acuirsi della tensione internazionale sotto la spinta del confronto ideologico fra le due superpotenze planetarie: vengono così a comparire le prime iniziative rivolte a un uso militare del Mar Glaciale Artico, divenuto ormai terreno potenziale di scontro e di impiego degli arsenali balistici dei due blocchi contrapposti.

Nel 1968 si affacciano sulla scena le prime iniziative di sviluppo turistico della rotta. Agli inizi del 1970 la flotta sovietica adibita allo svolgimento del servizio nei mari polari giungeva ad annoverare 737 unità di classe ULA[14] estremamente differenziate quanto a tipo di naviglio e funzione operativa: rompighiaccio, rimorchiatori, navi porta legname, petroliere, vettori di carichi secchi, natanti dotati di celle frigorifere, navi-officina, imbarcazioni adibite al trasporto passeggeri e infine bastimenti mercantili rinforzati per affrontare le condizioni dei mari freddi circumpolari (BUTLER, 1978, pp. 66-67).

---

[14] In merito ai criteri di classificazione del naviglio sovietico impegnato lungo la *Northern Sea Route*, vedasi BUTLER (1978, p. 66): «A vessel classified as U.L.A. is capable of navigating independently in any area, in ice up to 0,5 meters thick, or by sailing astern an icebreaker in Arctic or Antarctic seas during the entire navigation season».

In particolare nel corso degli anni Settanta il movimento marittimo si avvaleva, a sostegno della stagione operativa, dell'impiego di quattordici rompighiaccio, fra cui il «Lenin» e l'«Arktika» provvisti di propulsione atomica, mentre un dato significativo riguardante le navi da carico emergeva nel 1972 quando, alla data del 27 ottobre, lo scalo portuale di Dudinka faceva registrare il transito di 165 unità nel periodo di apertura della rotta (BARR, 1976, pp. XV-XVI). Il 1977 vede la continuazione dei tentativi per prolungare la durata della stagione utile tramite l'impiego delle unità attrezzate per l'apertura dei varchi attraverso le coltri di mare gelato. Nel corso dello stesso anno viene a effettuarsi un'impresa di grande prestigio e significatività in rapporto al quadro operativo corrente della via marittima e alla percezione sovietica della sua sfera di giurisdizione e potere nell'ambito del bacino artico. Si impone infatti all'attenzione della marineria internazionale la crociera del rompighiaccio «Arktika», la prima unità di superficie a raggiungere il Polo Nord (*Siberia*, 1985, p. 118). Nell'occasione la tabella di marcia aveva interessato dapprima due sezioni della rotta, il Mar di Kara e il Mar di Laptev, per poi procedere verso la destinazione finale prefissata come traguardo della missione (BUTLER, 1978, p. 61).

Una grave decadenza del servizio marittimo resta però legata alla riconfigurazione geopolitica innescata dalla dissoluzione dell'Unione Sovietica. L'inquadramento cronologico dei dati riferiti alla generazione dei carichi lungo l'arteria di traffico consente di individuare infatti nell'intervallo 1990-1991 un momento di accentuata flessione, quando le esportazioni crollano da 1.201.800 a 743.000 t, mentre il totale delle importazioni passa da 11.800 a 1.900 t. Sul più lungo periodo la crisi si manifesta con chiarezza dal confronto fra le due decadi degli anni Ottanta e Novanta. Nel 1996 veniva registrato un trasporto di merci complessivo pari a 1.642.000 t lungo la rotta, un valore di gran lunga inferiore a quello massimo ottenuto nel 1987 con 6.578.600 t, a evidenziare la riduzione dei volumi di traffico e del movimento marittimo (TAMVAKIS, GRANBERG e GOLD, 1999, pp. 224-226).

Una conferma della crisi generalizzata dei flussi mercantili lungo la via di comunicazione nordica viene dalla riduzione del numero delle navi delle varie classi in servizio nel corso degli anni Novanta, passate da 373 nel 1993, a 218 nel 1994, sino a 153 nel 1996, con una tendenza inarrestabile verso il basso (*ibidem*, p. 230). L'involuzione economica nazionale e i profondi cambiamenti politico-istituzionali che hanno fatto seguito alla scomparsa delle Repubbliche Socialiste Sovietiche impongono nel 1992 una diminuzione del prodotto nazionale lordo valutabile intorno alla cifra del 19% (*Calendario Atlante...*, 1993, p. 731); inevitabilmente tale quadro strutturale d'insieme si ripercuote sulla funzionalità della *Northern Sea Route* e sulla prosperità del settore artico russo con tutte le aggravanti del caso dovute alle grandi distanze. Appare evidente come la diminuzione dei volumi di traffico lungo la rotta si sia inserita in un contesto generalizzato di degrado comprendente, quali termini negativi e interagenti: la stagnazione delle operazioni di prospezione mineraria a fronte dell'esaurimento di giacimenti di interesse economico; il calo della produzione industriale dei distretti regionali; l'esodo massiccio di popolazione dalla Siberia settentrionale (TAMVAKIS, GRANBERG e GOLD, 1999, pp. 234-237).

Di fronte ai contraccolpi subentrati alla caduta del sistema di pianificazione centralizzata le regioni dell'Estremo Nord si sono ritrovate ad avere bisogno di misure protezionistiche volte a fronteggiare l'emergenza e a recuperare quel regime di privilegi che consentiva il mantenimento di avamposti insediativi e di attività economiche in condizioni di elevato disagio ambientale.

Le prospettive attuali e future

Con riferimento alla quantificazione dei flussi, il confronto fra le direttrici principali imperniate sui canali di Suez e Panama da un lato e la rotta del Nord dall'altro può essere avviato sulla base di tutta una serie di indicatori statistici, quali il movimento navale, il traffico commerciale, il tipo di naviglio, le voci merceologiche componenti i carichi. In questo modo il panorama di fine secolo-millennio, vedeva emergere in termini significativi nell'anno 1995 i dati di seguito indicati.

Canale di Suez. Movimento navale: 15.050 navi transitate. Traffico commerciale: 293.124.000 tonnellate di merci. Tipo di naviglio:

differenziato e moderno. Composizione merceologica: dominata da greggio e prodotti petroliferi in primo luogo; a seguire fertilizzanti, metalli, manufatti, cemento[15].

Canale di Panama. Movimento navale: 13.459 navi transitate. Traffico commerciale: 193.348.000 tonnellate di merci. Tipo di naviglio: differenziato e moderno. Composizione merceologica: caratterizzata da greggio e prodotti petroliferi in primo luogo; a seguire granaglie, metalli, fertilizzanti, manufatti (*Calendario Atlante...*, 1997, p. 581; FRIOLO, 2001, pp. 151-152).

Un altro ordine di grandezza caratterizzava invece la Via marittima nel Nord che nel corso della stagione utile del 1996 faceva registrare un movimento navale di 75 unità da trasporto suddivise fra portalegnami, mercantili per merci varie, petroliere, imbarcazioni per rinfuse, navi dotate di impianti di refrigerazione, chiatte. Un aspetto particolarmente significativo in merito alla tipologia dei vettori impiegati veniva a essere costituito dalla mancanza assoluta delle *portacontainer* attrezzate per la movimentazione dei carichi modulari. L'anno precedente il traffico commerciale era giunto a sommare 2.361.800 t con le voci caratterizzanti dei metalli ferrosi, fertilizzanti, prodotti forestali, idrocarburi con petrolio e gas naturale[16]. La decade degli anni Novanta indicava quindi come ben lontano fosse il raggiungimento di un livello operativo in grado di porre il tragitto lungo le coste siberiane su un piano di reale competizione con le rotte da lungo tempo consolidate a Meridione.

L'itinerario marittimo nord-siberiano inteso quale «logistic channel or corridor» (TAMVAKIS, GRANBERG e GOLD, 1999, p. 240) in grado di collegare le distinte aree di mercato in Asia, Europa e continente americano deve affrontare quindi una sfida di grande portata per dimostrare in sede internazionale le sue potenzialità nel ruolo di redditizia alternativa mercantile. È stato osservato in sede analitica

---

[15] Il panorama documentale riferito ai flussi mercantili di passaggio attraverso il Canale di Suez viene fornito dagli annuari statistici (*Calendario Atlante...*, 1999, p. 442; e *Enciclopedia Geografica...*, 1995, p. 329).

[16] Una raccolta sistematica di dati articolata attorno ai flussi mercantili della rotta artica è fornita da TAMVAKIS, GRANBERG e GOLD (1999, pp. 225; 231-232; 247).

come sul piano delle tipologie di carico tre tipi di flusso possano essere distinti: di importazione; di esportazione; di transito interno alla Federazione Russa, inquadrabili in una programmazione del sistema di trasporto che deve includere quali parametri chiave la minimizzazione dei costi di mobilizzazione, la qualità e l'affidabilità del servizio. È su questo piano che si gioca la convenienza di eseguire gli elevati investimenti necessari per il potenziamento del naviglio attrezzato e la realizzazione delle adeguate infrastrutture portuali in grado di rispondere agli standard internazionali.

In rapporto alle prospettive future che si aprono di fronte all'esportazione delle voci energetiche, la rotta del Nord presenta non pochi vantaggi se confrontata con la soluzione terrestre basata sulla posa di lunghi e costosi gasdotti e oleodotti destinati a coprire grandi distanze e a attraversare diversi Stati. Il corridoio marittimo da parte sua esibisce una maggiore flessibilità e portata geografica nella possibilità di raggiungere una più ampia varietà di mercati corrispondenti alle varie destinazioni dell'avanmare. È quindi in questa prospettiva di ampio respiro spaziale che si dischiudono le opportunità perché la fronte litorale siberiana possa inserirsi per l'avvenire nei grandi circuiti mondiali di traffico.

CONCLUSIONI GENERALI

È stato osservato nelle pagine precedenti come il circuito di traffico storicamente attivato fra Occidente e Oriente presenti una serie di nodi sensibili, dove con frequenza la posizione geografica di raccordo itinerario si unisce alla vasta disponibilità di risorse imprescindibili per le esigenze del moderno mondo civilizzato. A questa espressione un pieno significato geopolitico va assegnato tenendo conto dell'insieme sia dei paesi promotori dei modelli tecnico-culturali dominanti, sia delle aree che, in fase o di soggezione o di sviluppo transizionale, comunque aspirano con forza a un diverso, più elevato tenore di vita.

Sono proprio la circolazione dei beni, la trasmissione dei flussi energetici, le concentrazioni finanziarie, gli interscambi culturali e le reti informative telematiche a diffondere in maniera pervasiva i vantaggi, i consumi e le lusinghe di quegli Stati che possono vantare i più alti parametri di prodotto nazionale lordo *pro capite*. La risposta del sistema mondo si è più volte espressa in sede storica tramite esorbitanti travasi popolazionali, ma l'alba del terzo millennio è contrassegnata da quella che non può non essere letta come una conflittualità endemica per l'accaparramento delle risorse. E questo significa prendere atto di una riedizione aggiornata e convulsa delle vicende belliche legate al colonialismo e al neo-colonialismo.

La stessa estensione della minaccia terroristica (strumento di scontro non nuovo nella parabola evolutiva dei popoli, ma oggi sistematicamente riproposto a scala planetaria come frutto perverso della globalizzazione), non è spiegabile nei termini di una manichea forma di lotta fra le forze del Bene e del Male, ma va intesa nel più ampio scenario delle risorse mondiali che non sono sufficienti per uno sviluppo sostenibile, equilibrato e soprattutto generalizzato. Nell'arena dei nodi problematici in gioco emergono quindi gravi insidie per i circuiti di traffico storici, con un pieno coinvolgimento di quelli del sistema circumasiatico. Su questo settore dello scacchiere mondiale i principali motivi di minaccia riguardano il reticolo delle condutture di greggio e gas, la vulnerabilità degli stretti, la lunghezza delle rotte marittime e i contrasti accesi su base regionale. È da attendersi che i conflitti locali tendano sempre di più a polarizzarsi laddove i distretti produttivi e le linee di rifornimento debbono raffittire la loro presenza spaziale per venire incontro alle aspettative e ai livelli di domanda posti in atto da un genere di vita largamente basato sui consumi e contrassegnato da ritmi di espansione mal gestiti del fenomeno urbano nel mondo. Non può sfuggire a un'analisi delle conseguenze sul piano geopolitico il fatto che metropoli, conurbazioni, reti urbane e megalopoli sollevino enormi volumi di richieste energetiche, destinate a elevare la concentrazione esasperata delle centrali di servizio e alimentazione, evidenza che ancora una volta ripropone il duplice tema della sicurezza militare degli impianti e della vigilanza sulle linee di trasmissione esposte.

La transizione epocale fra il secondo e il terzo millennio, secondo il sistema di computo occidentale, non ha mancato di registrare aree di scontro endemico direttamente collegate al binomio economico: giacimenti di idrocarburi-condotte di inoltro.

Gli esempi più ricorrenti nella cronaca di inizio secolo XXI riguardano la Repubblica dei Ceceni (Ičkeria), appoggiata al versante settentrionale della catena del Caucaso in posizione strategica fra il Mar Caspio e il Mar Nero, e ricca di cospicue riserve petrolifere; l'Afghanistan, autentico crocevia dei percorsi asiatici nord-sud ed est-ovest, già settore sensibile della gara coloniale fra il Leone britannico e l'Impero Zarista, che rappresenta oggi la via di sbocco obbligata all'Oceano Indiano per i vasti retroterra centroasiatici mineralizzati a idrocarburi; il bacino del Golfo Persico con l'Iraq e tutti gli Stati che vi si affacciano, al centro dell'attenzione mondiale per le sue enormi riserve energetiche e la sua posizione di raccordo fra bacino del Mediterraneo, il Medio Oriente, il Sud-est e il Levante asiatici affacciati all'Oceano Pacifico.

Proprio in tali settori, sconvolti da guerriglia e virulenza terroristica, la pretesa di risolvere i problemi *manu militari* finisce con lo scatenare crescenti livelli di conflittualità, aggravati dalle sperequazioni distributive che interessano la ripartizione della ricchezza, il godimento delle risorse energetiche e l'accesso ai servizi anche basilari quali sanità e istruzione. In un simile contesto planetario che giustifica foschi scenari di previsione, proprio i moderni apparati logistici adibiti alla movimentazione dell'«oro nero» evidenziano quanto insensato sia pensare di difendere con successo condutture che si dispiegano per lunghi tragitti intercontinentali (spesso in regioni remote, repulsive e scarsamente popolate) e rotte marittime che si affidano a vettori sempre più ingombranti e tali da offrire facile bersaglio ad attacchi di sorpresa. Il tutto senza parlare delle situazioni di particolare difficoltà che proprio negli stretti marini vedono assommarsi i condizionamenti fisico-morfologici con il pericolo di incursioni e colpi di mano. Inevitabilmente la militarizzazione delle linee di rifornimento e dei passaggi cruciali finirebbe col far lievitare i costi di trasporto, rendendo sempre più esclusivo il privilegio di rientrare nel novero degli utenti finali appartenenti alle aree di mercato più ricche.

Gli stretti asiatici della fronte meridionale sono direttamente colpiti da tale coacervo problematico che è insieme di natura economica, politica e socio-culturale. Per Bab al Mandab, Hormuz e Malacca passano flussi di materie prime, prodotti manifatturati e risorse energetiche caricati sui vettori specializzati delle superpetroliere e delle grandi unità portacontainer. L'effervescente attività dei porti collegati: Aden, Dubai, Singapore introduce una nota di vigore economico e di protagonismo rampante sulla ribalta delle linee di comunicazione e trasporto a scala mondiale, ma si tratta di un dispositivo di movimentazione sensibile che non può essere bloccato o rallentato, pena un collasso generalizzato degli attuali equilibri e delle condizioni di vita nelle regioni destinatarie dei traffici. A fronte di tali prospettive gravate da incognite reali, gli itinerari siberiani rappresentano un sistema territoriale dotato sia di assi fluviali meridiani che di due linee (una ferroviaria, l'altra marittima) disposte secondo i paralleli; il tutto risulta con evidenza lanciato dall'Europa al Pacifico lungo la direttrice principale ponente-levante, con ulteriori fondamenti economici (di non trascurabile significato geostrategico) di ingenti risorse forestali, minerarie ed energetiche di alto valore. La trama infrastrutturale dei trasporti continua a rimanere labile e gravata da stringenti limitazioni sul piano tecnico delle condizioni operative, ma resta aperta la progettualità di futuri interventi di potenziamento per realizzare il rapido ponte di collegamento intercontinentale dal Bassopiano Sarmatico alle regioni dell'Estremo Oriente asiatico. Se tali piani dovessero essere portati a compimento verrebbe a crearsi una alternativa di traffico in grado di esercitare una concorrenza effettiva nei confronti del consolidato fascio di rotte del circuito mediterraneo-indiano con tutti i passaggi chiave scaglionati lungo l'itinerario teso dal Canale di Suez allo scalo di Singapore.

Alle incertezze di matrice geopolitica risponde il supporto offerto dai dispositivi giuridici internazionali, applicati sia agli spazi dell'alto mare che agli stretti utilizzati dalla navigazione mondiale. In modo specifico lo strumento normativo che si offre è costituito dalla già citata Convenzione di Montego Bay, scaturita nel dicembre 1982 dalla Terza Conferenza delle Nazioni Unite sul Diritto del Mare. Rispondente agli interessi della comunità internazionale è l'indicazione dei diritti e doveri delle unità di passaggio, mentre la sovranità degli Stati rivieraschi resta da esercitare in conformità con quanto disposto dalla legge (articolo 34, paragrafo 2). I trattati internazionali redatti in sede storica non risultano sostituiti dal nuovo regime legale subentrato (articolo 35, comma c). Il provvedimento fondamentale, prefigurato negli articoli 38 e 39, si incentra sul pieno riconoscimento dei diritti di transito rapido, ininterrotto ed inoffensivo (*innoxius*) che gli Stati affacciati al punto di strozzatura non potranno né ostacolare, né impedire in omaggio alla libertà di navigazione.

Rimane quindi posto un problema di disciplina del traffico, particolarmente urgente nei corridoi marini più congestionati, come è appunto il caso di Bab al Mandab, Hormuz e Malacca. Sempre l'articolo 39: *Duties of Ships and Aircraft during Transit Passage*, al paragrafo 2 recita: «Ships in transit passage shall: (a) comply with generally accepted international regulations, procedures and practices for safety at sea, including the International Regulations for Preventing Collisions at Sea; (b) comply with generally accepted international regulations, procedures and practices for the prevention, reduction and control of pollution from ships».

Scendendo nel dettaglio delle procedure di pratica applicazione, il testo normativo incoraggia l'adozione di quelle corsie di scorrimento che già da tempo sono state attivate all'interno delle vie d'acqua della fronte asiatica meridionale. L'articolo 41, infatti, *Sea Lanes and Traffic Separation Schemes in Straits used for International Navigation*, prescrive al paragrafo 1: «In conformity with this Part, States bordering straits may designate sea lanes and prescribe traffic separation scheme sfor navigation in straits where necessary to promote the safe passage of ships».

Il diritto di transito viene ripreso nell' articolo 44: *Duties of States Bordering Straits*, e diviene un obbligo visto dalla parte degli Stati affacciati al canale di scorrimento: «States bordering straits shall not hamper transit passage and shall give appropriate publicity to any danger to navigation or overflight within or over the strait of which they have knowledge. There shall be no suspension of transit passage».

Anche nel caso degli stretti, la Convenzione di Montego Bay rappresenta una soluzione di compromesso fra interessi contrastanti, comprendenti da una parte le aspirazioni della comunità internazionale, interessata a garantire la circolazione marittima, dall'altra le motivazioni degli Stati costieri, desiderosi di mantenere intatte le proprie sfere di sovranità e giurisdizione, anche nella salvaguardia della sicurezza alle frontiere. Tale contrasto d'intenti si affermava già all'apertura della gara coloniale fra le potenze atlantiche che faceva seguito immediato alla grande stagione delle esplorazioni geografiche condotte dagli europei sui diversi scenari continentali dalle Americhe all'Africa e all'Asia sino in Oceania. Posizioni precise in merito vengono assunte nel XVII secolo dall'inglese John Selden e dall'olandese Hugo Grotius che si diffondono sulla base di posizioni differenziate riguardanti la tematica della navigazione da liberalizzare o da restringere (GROTIUS, 1919, lib. II, cap. III, sez. VIII.2; SELDEN, 1636, lib. I, cap. XX).

In seguito, prima del secondo conflitto mondiale, le specificità introdotte dal restringimento morfologico per quanto concerne le particolari modalità d'uso e frequentazione dei ridotti spazi marini faranno emergere l'esigenza di applicare un regime legale *sui juris*, svincolando gli angusti corridoi da una rigida applicazione delle regole concernenti l'alto mare, le acque territoriali e le acque interne (BRÜEL, 1947, p. 37). Mentre il principio del *Mare liberum* potrebbe infatti permettere atti di aperta ostilità, se non lo scoppio di episodi di guerra combattuta all'interno delle acque in questione, anche il privilegio di una sovranità esercitata senza limiti rischia di nuocere al regolare svolgimento del movimento navale mercantile, sino a ricondurre a vere e proprie condizioni di *Mare clausum*.

Il sopraggiungere della norma ha rappresentato quindi per tutte le parti in causa una garanzia per la salvaguardia dei diritti e delle prerogative fondamentali, in un quadro di relazioni internazionali più distese. Nel tener conto però della concretezza e dell'urgenza dei nodi conflittuali che investono l'era della globalizzazione e quindi i salienti individui geografici che di questo processo epocale rappresentano uno dei palcoscenici più visibili ed esposti, la presenza di strumenti giuridico-legali e diplomatici non deve comunque essere intesa in termini semplicemente rassicuranti o consolatori. Di fronte ai luttuosi eventi che hanno segnato l'apertura del secolo, appare più che mai necessario sostenere la forza del diritto, sulla base di una rinnovata sensibilità culturale rivolta allo sviluppo equo e solidale cui uniformare le grandi scelte strategiche che l'assise dei popoli della Terra è chiamata a effettuare.

RIFERIMENTI BIBLIOGRAFICI

FONTI CLASSICHE

BELFIORE S., *Il Periplo del Mare Eritreo di anonimo del I sec. d.C. e altri testi sul commercio fra Roma e l'Oriente attraverso l'Oceano Indiano e la Via della Seta*, in «Memorie della Società Geografica Italiana», Roma, 2004, LXXIII, 278 pp.

ERODOTO, *Storie. Libri I e II* (introduzione di F. CASSOLA; note di D. FAUSTI), Milano, Rizzoli, 1984, 531 pp.

Gran Atlas. Johannes Blaeu. Siglo XVII, Madrid, Editorial LIBSA, 2000, 223 pp., 100 tavv.

GROTIUS H., *Hugonis Grotii de jure belli ac pacis: libri tres in quibus ius naturae et gentium, item iuris publici praecipa explicantur cum annotatis auctoris*, Lugduni Batavorum apud A.W. Sijthoff, 1919, 752 pp.

PLINIO IL VECCHIO (PLINE L'ANCIEN), *Histoire Naturelle*, a cura di A. ERNOUT, Parigi, Les Belles Lettres, 1949, 112 pp.

PTOLEMAEI C., *Cosmographia. Tavole della Geografia di Tolomeo* (presentazione di L. PAGANI), Bergamo, Orsa Maggiore e Lucchetti Editore, 1990, 15 pp., 27 tavv.

SELDEN J., *Ioannis Seldeni Mare clausum, seu De dominio maris libri duo...*, Lugduni Batavorum apud Joannem, & Theodorum Maire, 1636, 244 pp.

RESOCONTI DI VIAGGIO

ANDERSON W.R., *Nautilus 90 North*, New York, The New American Library, 1959, 172 pp.

BARBOSA O., *Libro di Odoardo Barbosa portoghese*, in RAMUSIO (1979), II, pp. 543-709.

BAROZZI P., *Ludovico De Varthema e il suo* Itinerario, in «Memorie della Società Geografica Italiana», Roma, 1996, LIV, 219 pp.

BARTHEMA L., *Itinerario*, in RAMUSIO (1978), I, pp. 763-892.

DUNN R.E., *Gli straordinari viaggi di Ibn Battuta. Le mille avventure del Marco Polo arabo*, Milano, Garzanti, 1998, 433 pp.

MILANESI M., *Navigazioni portoghesi verso le Indie orientali*, in RAMUSIO (1978), I, pp. 589-598.

Polo M., *Milione* (a cura di V. Bertolucci Pizzorusso), Milano, Adelphi, 1994, 773 pp.

Ramusio G.B., *Navigazioni e viaggi* (a cura di M. Milanesi), Torino, Einaudi, 1978-1979, 6 voll.

Starokadomsky L.M., *Charting the Russian Northern Sea Route: The Arctic Ocean Hydrographic Expedition 1910-1915*, Montreal e Londra, Arctic Institute of North America e Mc Gill-Queen's University Press, 1976, 332 pp.

Thubron C., *In Siberia*, Milano, TEA, 2000, 295 pp.

de Veer G., *I tre viaggi per mare di Willem Barentsz* (a cura di J. Roding e P. Drago), Torino, San Paolo, 1996, 280 pp., 21 figg.

Walls y Merino M. (a cura di), *Relato escrito por el caballero Antonio Pigafetta. Primer viaje alrededor del mundo*, Buenos Aires, El Elefante Blanco, 2001, 229 pp.

TESTI DI DOCUMENTAZIONE STORICO-GEOGRAFICA

Atlante generale metodico, Novara, Istituto Geografico De Agostini, 1984, 192 pp.

Atlante geografico metodico, Novara, Istituto Geografico De Agostini, 1994, 264 pp., 149 tavv.

Atlas of the People's Republic of China, Pechino, Foreign Language Press-China Cartographic Publishing House, 1989, 114 pp., 51 tavv.

Barr W., *Preface; Introduction*, in Starokadomsky (1976), pp. XIII- XXV.

Basso A., *Paesi e popoli extra-europei. I. Asia-Africa*, Milano, Aldo Garzanti, 1965, 267 pp.

Basso A., *Paesi e popoli extra-europei. II. America-Oceania-Regioni Polari*, Milano, Aldo Garzanti, 1967, 229 pp.

Battisti G. (a cura di), *«L'oltre Suez» secondo Battista Agnese*, in «Geografia nelle Scuole», Trieste, 1995, 2, Inserto didattico-Strumenti: 2.

Bella Righetti F., *Prodotti e commerci*, Settimo Milanese, Edizioni Scolastiche Bruno Mondadori, 1970, 317 pp.

Bover F. (a cura di), *Gran Atlas del Mundo*, Barcellona, Plaza & Janès Editores, 1988, 268 pp.

Brüel E., *International Straits. A Treatise on International Law*, Copenaghen e Londra, NYT Nordisk Forlag e Sweet & Maxwell Ltd, 1947, I, 275 pp.

Butler W.E., *Northeast Arctic Passage*, Alphen aan den Rijn, Sijthoff & Noordhoff, 1978, 199 pp.

Calendario Atlante De Agostini 1976, Novara, Istituto Geografico De Agostini, 1975, 784 pp., 42 tavv.

Calendario Atlante De Agostini 1992, Novara, Istituto Geografico De Agostini, 1991, 784 pp., 48 tavv.

Calendario Atlante De Agostini 1994, Novara, Istituto Geografico De Agostini, 1993, 784 pp., 48 tavv.

Calendario Atlante De Agostini 1998, Novara, Istituto Geografico De Agostini, 1997, 784 pp., 48 tavv.

Calendario Atlante De Agostini 2000, Novara, Istituto Geografico De Agostini, 1999, 1088 pp., 40 tavv.

Calendario Atlante De Agostini 2001, Novara, Istituto Geografico De Agostini, 2000, 1056 pp., 47 tavv.

CIAMPI G., *Appartenenza cartografica dell'arcipelago Hanish-Zuqur (Mar Rosso)*, in «L'Universo», Firenze, 1998, 3, pp. 313-325.

Città sepolte. Origine e splendore delle civiltà antiche, Roma, Armando Curcio Editore, 1986, 2304 pp.

CONWAY M., *No Man's Land. A History of Spitsbergen from Its Discovery in 1596 to the Beginning of the Scientific Exploration of the Country*, Cambridge, University Press, 1995, 377 pp.

CORNA PELLEGRINI G. (a cura di), *Aspetti e problemi della Geografia*, Settimo Milanese, Marzorati, 1987, I, 770 pp.

DADZIE K.K.S., *Lo sviluppo economico*, in «Le Scienze», Milano, 1980, 147, pp. 13-19.

DEGENS E.T. e ROSS D.A., *Le acque ipersaline del Mar Rosso*, in IPPOLITO (1974), pp. 83-93.

DEL FABBRO CARACOGLIA B., *Cimeli cartografici conservati a Trieste: un atlante manoscritto del 1669*, in «Quaderni Giuliani di Storia», Trieste, 1999, 2, pp. 285-303.

DETALLE R., *Ajuster sans douleur? La méthode yéménite*, in «Monde Arabe Maghreb Machrek», Parigi, 1997, 155, pp. 20-36.

DOGE (DOCENTI GEOGRAFIA ECONOMICA), *Terra ed economia in Europa*, Milano, Markes, 1988, 383 pp.

DROYSEN J.G., *Alejandro Magno*, México-Distrito Federal, Fondo de cultura economica, 1988, 481 pp.

Enciclopedia Geografica Garzanti, Milano, Garzanti, 1995, 1377 pp., 35 tavv.

Enciclopedia Italiana di Scienze, Lettere ed Arti, Roma, Istituto della Enciclopedia Italiana fondato da G. Treccani, 1951.

The Eritrea-Yemen Arbitration. Phase I: Territorial Sovereignty and Scope of Dispute, Londra, Arbitral Tribunal, 1998, 94 pp.

The Eritrea-Yemen Arbitration. Phase II: Maritime Delimitation, Londra, Arbitral Tribunal, 1999, 36 pp.

FERRO G., *Storia delle esplorazioni geografiche*, in CORNA PELLEGRINI (1987), pp. 11-44.

FERRO G., *Carte nautiche dal medioevo all'età moderna*, Genova, Edizioni Colombo, 1992, 119 pp.

FRIOLO R., *L'attività peschereccia in Islanda*, in «Geografia nelle Scuole», Trieste, 1987, 6, pp. 448-455.

FRIOLO R., *Hong Kong 1997: la transizione*, in «Geografia nelle Scuole», Trieste, 1997, 3, inserto speciale.

FRIOLO R., *L'immagine storica ed i ruoli funzionali della regione istmica di Panamà*, in «Geostorie. Bollettino e Notiziario del Centro Italiano per gli Studi Storico-Geografici», Roma, 2001, 3, pp. 141-156.

FRIOLO R., *Evoluzione storico-territoriale e problematiche confinarie nel sistema regionale di gravitazione sulla rotta del Mar Rosso*, in Atti del XXVIII Congresso Geografico Italiano (Roma, 18-22 giugno 2000), Roma, EDIGEO, 2003, pp. 3164-3184.

GÁNDARA GALLEGOS M., *Panamá, la internacionalización del canal*, Quito, Fundación Ascencio Gándara, 1990, 340 pp.

GASPARRINI LEPORACE T. (a cura di), *Il mappamondo di Fra Mauro*, presentazione di R. ALMAGIÀ, Roma, Istituto Poligrafico dello Stato e Libreria dello Stato, 1954, 77 pp., 49 tavv.

GAVIN R., *The Port of Aden. 1839-1959. Part three*, in «Port of Aden Annual», Aden, 1961-1962, pp. 35-37.

GRAVES N.J. e WHITE J.T., *Geography of the British Isles*, Londra, Heinemann Educational Books Ltd, 1976, 315 pp.

GREG-Groupe de Recherche pour l'Einseignement de l'Histoire et de la Géographie, *La Geografia dei grandi sistemi*, Bologna, Zanichelli, 1983, 399 pp.

Guida dell'Africa Orientale Italiana, Milano, Consociazione Turistica Italiana, 1938, 640 pp.

HAMALAINEN P., *Yemen*, Torino, EDT, 1996, 238 pp.

HANNA S., *Field Guide to the Geology of Oman*, Ruwi, The Historical Association of Oman, 1995, 178 pp.

IPPOLITO F. (a cura di), *Tettonica a zolle e continenti alla deriva*, Milano, Le Scienze S.p.A. editore, 1974, 230 pp.

Italy's Sea. Problems and Perspectives, Roma, Società Geografica Italiana, 1998, 255 pp.

KARABELL Z., *Parting the Desert. The Creation of the Suez Canal*, New York, A.A. Knopf, 2003, 312 pp.

KOLODKIN A.L. e KOLOSOV M.E., *The Legal Regime of the Soviet Arctic: Major Issues*, in «Marine Policy», Cardiff, 1990, 14, p. 164.

LA CECLA F. e ZANINI P., *Lo stretto indispensabile. Storia e geografia di un tratto di mare limitato*, Milano, Bruno Mondadori, 2004, 249 pp.

LANDINI P. e FABRIS A., *Geografia Generale ed Economica*, *IV*, Torino, Lattes, 1986, 450 pp.

LAPIDOTH-ESCHELBACHER R., *The Red Sea and the Gulf of Aden*, L'Aja, Boston e Londra, Martinus Nijhoff, 1982, 265 pp.

LAUREANO P., *La piramide rovesciata. Il modello dell' oasi per il pianeta Terra*, Torino, Bollati Boringhieri, 1995, 311 pp.

LAWRENCE T.E., *I sette pilastri della saggezza*, Verona, Arnoldo Mondadori, 1971, 824 pp.

LAVERGNE M., *Les relations yéméno-érythréennes à l'épreuve du conflit des Hanish*, in «Monde Arabe Maghreb Machrek», Parigi, 1997, 155, pp. 68-86.

LOUET J. e LEVRINI G., *Envisat-Europe's Earth-Observation Mission for the New Millennium*, in «Earth Observation Quarterly», Noordwijk, 1998, 60, pp. 1-41.

LUCIA M.G., *Italian Seaports facing Maritime Transportation Changes*, in *Italy's Sea* (1998), pp. 119-134.

LUIZ M.T. e SCHILLAT M., *Tierra del Fuego. Materiales para el estudio de la Historia Regional*, Ushuaia, Editorial Fuegia, 1998, 335 pp.

Mariners' Routeing Guide, Malacca and Singapore Straits, Taunton (Gran Bretagna), 2001.

MASETTI C., *La percezione e rappresentazione della Penisola di Malacca nelle relazioni di viaggio e nella cartografia del primo Cinquecento*, in «Geostorie. Bollettino e notiziario del Centro Italiano per gli Studi Storico-Geografici», Roma, 2001, 1-2, pp. 71-96.

MERCIER E., *Aden à l'épreuve du foncier. De quelques pratiques foncières observées dans la capitale économique du Yémen unifié*, in «Monde Arabe Maghreb Machrek», Parigi, 1997, 155, pp. 55-67.

MERMIER F., *Yémen: l'Etat face à la démocratie*, in «Monde Arabe Maghreb Machrek», Parigi, 1997 (a), 155, pp. 3-5.

MERMIER F., *L'Islam politique au Yémen ou la «Tradition» contre les traditions?*, in «Monde Arabe Maghreb Machrek», Parigi, 1997 (b), 155, pp. 6-19.

MONTI S., *Il porto di Rotterdam*, in «La Geografia nelle Scuole», Napoli, 1970, 2, pp. 41-58.

NEBENZAHL K., *Atlas de Colón y los grandes Descubrimientos*, Madrid, Editorial Magisterio Español, 1990, 167 pp.

NEWBY E. (a cura di), *Il grande libro delle esplorazioni*, Lainate (Milano), Vallardi, 1976, 279 pp.

La nuova enciclopedia geografica Garzanti, Milano, Garzanti, 1983, 1247 pp., 34 tavv.

OSHERENKO G., *Sea Route Impacts Native Peoples*, in «Surviving Together», Washington, 1997, 4, pp. 34-36.

ØSTRENG W. (a cura di), *The Natural and Societal Challenges of the Northern Sea Route. A Reference Work*, Dordrecht, Boston e Londra, Kluwer Academic Publishers, 1999, 466 pp.

PENNESI G., ALMAGIÀ R. e ORSOLANO R., *Atlante geografico fisico, politico, economico*, Torino, Paravia, 1985, 279 pp., 58 tavv. geogr.

PERETTI A., *I peripli arcaici e Scilace di Carianda*, in PRONTERA (1983), pp. 69-114.

POTTER J., *Introducción*, in *Atlas Ilustrado del Mundo. Siglo Diecinueve*, Madrid, Editorial LIBSA, 1990, 179 pp.

PRESCIUTTINI P., *Coste del mondo nella cartografia europea: 1500-1900*, Ivrea, Priuli & Verlucca, 2000, 180 pp., 216 schede.

PRONTERA F., *Geografia e geografi nel mondo antico*, Bari, Laterza, 1983, 277 pp.

RAMAZANI R.K., *The Persian Gulf and the Strait of Hormuz*, Alphen aan den Rijn, Sijthoff & Noordhoff, 1979, 180 pp.

ROBISON G., *Oman & Arabia Saudita. Bahrain, Kuwait, Qatar, Emirati Arabi Uniti*, Torino, EDT, 1994, 363 pp.

ROMERO F. e BENAVIDES R., *Mapas antiguos del Mundo*, Madrid, Edimat Libros, 1998, 159 pp.

Segni e sogni della Terra. Il disegno del mondo dal mito di Atlante alla geografia delle reti, Novara, Istituto Geografico De Agostini, 2001, 286 pp.

Siberia, Mosca, Planeta Publishers, 1985, 280 pp.

Singapore. Storia, vita folclore, turismo, Firenze, Valmartina Editore, 1980, 44 pp.

SPINI G., *Disegno storico della civiltà. II*, Roma, Edizioni Cremonese, 1963, 476 pp.

SPINI G., *Disegno storico della civiltà. III*, Roma, Edizioni Cremonese, 1963, 533 pp.

TAMVAKIS M., GRANBERG A.G. e GOLD E., *Economy and Commercial Viability*, in ØSTRENG (1999), pp. 221-280.

TAVERNIER B., *Great Maritime Routes: An Illustrated History*, Londra, Macdonald and Co., 1972, 286 pp.

TOOLEY R.V., *Maps and Map-Makers*, New York, Bonanza Books, 1961, 140 pp.

VAGAGGINI V., *Le nuove Geografie. Logica, teorie e metodi della geografia contemporanea*, Genova e Ivrea, Hérodote Edizioni, 1982, 393 pp.

VIALLI V., *Elementi di Geografia*, Bologna, Riccardo Pàtron, 1969, 391 pp.

ZORZI M. (a cura di), *Biblioteca Marciana*, Venezia, Nardini Editore, 1988, 274 pp.

INDICE

	pag.
INTRODUZIONE	5

Lo Stretto di Bab Al Mandab

L'antica «Porta delle lacrime»	11
Evoluzione storico-geografica	13
La navigazione nello Stretto di Bab Al Mandab	38
Lo scalo portuale di Aden	40
Il regime legale dello Stretto e gli spazi marini disputati: le Hanish-Zuqur	45
Conclusioni	58

Lo Stretto di Hormuz

La via marittima del greggio	59
Lo sviluppo storico-territoriale	60
La navigazione nello Stretto di Hormuz	77
Il sistema portuale relativo allo Stretto	80
Gli spazi marini disputati	83
Il complesso geografico articolato sui flussi petroliferi in uscita dallo Stretto di Hormuz	86
Conclusioni, proiezioni e scenari futuri	96

Lo Stretto di Malacca

La chiave di volta del lontano Levante	99
La scansione degli eventi di matrice geostorica	100
La navigazione nello Stretto di Malacca	108
L'uso del suolo urbano	113
Lo scalo portuale moderno	117
Gli spazi marini sottoposti a contenzioso	121
Conclusioni	129

La rotta marittima del Nord

La moderna versione del Passaggio a Nord-est	131
Definizione fisico-giuridica della via marittima del Nord	132
Le condizioni di operatività della rotta	138
Il retroterra economico della *Northern Sea Route*	142
Evoluzione storica del servizio marittimo	146
Le prospettive attuali e future	157

Conclusioni generali   161

Riferimenti bibliografici

Fonti classiche	167
Resoconti di viaggio	167
Testi di documentazione storico-geografica	168

finito di stampare
nel 2005
brigati glauco
genova-pontedecimo